회사를 언제까지
다닐 수 있을까

회사를 언제까지 다닐 수 있을까

2019년 10월 20일 초판 1쇄 인쇄
2019년 10월 25일 초판 1쇄 발행

지은이   김홍진
펴낸이   김영애
편 집   김배경
디자인   이문정
마케팅   윤수미
펴낸곳   SniFactory (에스앤아이팩토리)

등록일   2013년 6월 3일
등록   제 2013-00163호
주소   서울시 강남구 삼성로 96길 6 엘지트윈텔 1차 1402호
전화   02. 517. 9385
팩스   02. 517. 9386
이메일   dahal@dahal.co.kr
홈페이지   http://www.snifactory.com

ISBN 979-11-89706-80-7(13190)

가격 14,500원

ⓒ 김홍진 2019

회사를 언제까지 다닐 수 있을까

김홍진 지음

다홀미디어

오늘도 출근하는 당신,
행복하게 일하고 싶다면

한국 사회처럼 치열한 경쟁사회가 또 있을까. 되돌아보면 우리나라 현대 경제사는 산업화 시기부터 4차 산업혁명이 쓰나미처럼 밀어닥친 지금에 이르기까지 숨 가쁜 고도 경쟁의 연속이었다.

경쟁에서 이기기 위해 번듯한 학벌이 필요하고, 이를 위해 어릴 때부터 끊임없이 사교육에 내몰리며 어렵게 대학에 들어가고 나서도 끝이 아니다. 바로 취업난이다. 최근 대학 졸업생들의 취업률을 보면 과연 우리 아이들과 부모들이 노력한 대가가 이것 밖에 안 되는지 실망을 넘어 좌절감마저 느끼게 된다. 게다가 어렵게 취업 관문을 뚫는다 한들, 직장인들의 삶이 행복한지 묻는다면 긍정적인 답변을 듣기 어려운 현실이다.

요즘처럼 깊은 경제 불황기를 지나며 직장인들이 느끼는 경제적, 사회적 압박감은 상상을 초월한다. 여전히 갑갑한 조직 문화 속에서 분투하며, 그다지 오르지 않는 임금으로 높은 물가를 감당하기 위해 꾸역꾸역 직장생활을 '연명'하는 것이 대한민국 직장인들의 평균적인 삶이다.

직장이 온통 살벌한 성과 경쟁과 양육강식의 법칙이 지배하는 전쟁터 같은 곳이기만 하다면 오늘도, 내일도 직장을 다녀야 하는 평범한 우리들의 삶이 너무 비루해질 것이다. 직장에 다니겠다면 자신이 속한 일터를 좀 더 '일할 맛 나는 곳'으로 가꿀 책임과 도전이 주어진다.

산업과 사회 구조의 급속한 변화로 직장의 개념과 직장인들의 삶에도 큰 변화가 나타났다. 우선 고용사회가 막을 내리고 평생직장이 사라지는 등 고용 형태가 유연해진 점을 들 수 있는데, 이렇게 성과 지향적 직장 구조가 자리 잡으면서 경쟁이 더 심화되는 등 직장인들에게 더 불리해진 측면이 있다.

하지만 위기는 기회의 다른 얼굴이기도 하지 않나. 젊은 세대를 중심으로 '소확행'이나 '욜로' 등 개인의 행복 추구를 중시하는 경향이 두드러지면서 직장 문화도 차츰 합리적으로 개선되는 모습을 찾아볼 수 있다. 또한 이 같은 변화는 직장생활에서 성취감과 자기효능감을 느끼고 삶의 만족도를 높이려는 태도로 자연스럽게 이어지고 있다. 성과 창출을 통해 개인의 성장과 역량 개발을 함께 도모하는 것이다. 그렇다 보니, 젊은 세대 직장인들은 효율적으로 일하는 방식에도 큰 관심을 가지는 듯하다.

어떻게 해야 일을 잘할 수 있을까. 자신의 역량을 키우고 조직에 꼭 필요한 인재가 되려면 어떻게 해야 할까. 이 질문은 세대와 직급을 막론하고 직장인이라면 누구나 관심 가지는 화두일 것이다.

필자도 20여 년간 직장생활을 하며 나의 경쟁력을 키우고 가치를 높이는 방법을 고심해왔다. 오랜 세월 동료들과 상사들이 일하는 모습도 바라보며, 개인마다 천차만별 다른 업무 수행 방식과 그에 따른 성과의 차이도 느낄 수 있었다. 그러면서 머릿속에 차곡차곡 정리된 '일 잘하는 방법'은 다름 아닌 '직장생활의 기본 태도'가 바탕이 된다는 것을 깨달았다. 직장생활을 잘하는 기본. 이것은 결코 변하는 법이 없다.

필자는 회사에 갓 들어온 후배들의 모습도 관심 있게 지켜보는데, 이들에게도 직장생활의 기본에 대해 알려주고 싶지만 정작 입 밖에 내본 적은 거의 없다. 예전에야 직장에서 '사수'니 '부사수'니 하는 용어를 써가며 짐짓 일 가르치는 선배 노릇을 했지만, 요즘은 '꼰대의 잔소리'로 전락하기 십상이니까.

대신 일머리를 깨치고 직장생활을 잘하고 싶은 후배들에게 꼭 들려주고 싶은 직장생활 기본기 중의 기본만 정리해서 전하려 한다. 이제는 업무를 지원하는 다양한 도구가 개발돼 조금만 노력하면 성과를 극대화할 수 있는 시대다. 이 책이 '일 잘하는 행복한 사람'이 되고 싶은 모든 직장인들에게 최소한의 소양과 방향을 보여줄 수 있기를 바란다.

2019년 10월
김 홍 진

Contents

Part 3 인정받는 직원들의 실전 기술

Part 6 균형이 경쟁력이다

Part 1

고용사회의 종말,
위기일까 기회일까

'대마'는 죽고 없다

-
-
-
-
-

"넌 좋은 회사 들어가 따박따박 월급 받으면서 살아라."

우리 부모님이 나에게 항상 하신 말씀이다. 어린 시절 아버지는 조그마한 땅에 농사를 지으며 우리 가족을 건사했다. 그러던 분이 어느 날 이사를 결정하셨다. 이유는 단 한 가지. 교육 때문이었다. 시골에서는 교육에 한계가 있다는 걸 아시고, 자식들에게만은 배우지 못한 설움을 물려주지 않으려 결심하신 것이다.

서울로 이사 온 후 우리 가족에게는 커다란 변화가 생겼는데, 그것은 아버지가 월급을 받아오신다는 것이었다. 지금까지 추수를 해서 번 목돈으로 1년을 살아오던 우리 가족에게 매달 일정량의 수입이 들어오고 이것으로 생활을 영위하는, 가정 경제 구조의 변화였다. 덕분에 집에서 한 달에 한 번 조촐한 파티가 열렸다. 파티라고 해 봐야 아버지가 통닭을 사오시거나 돼지고기를 볶아먹는 정도였지만.

미국은 1900년대 초 헨리 포드의 자동차 산업으로부터 고용 사회가 시작되었다. 그러나 이 고용사회는 1970년대부터 기술의 발전, 신규 경쟁자의 진입 등으로 막을 내렸다. 반면 한국에서는 1960년대 박정희 정권의 집권과 더불어 시작된 경제발전 계획, 수출 장려 등 산업화 드라이브 정책을 계기로 고용사회가 시작됐다. 이때부터 기업에서 고용을 통해 사업을 확장해 나가기 시작한 것이다. 우리 아버지도 이러한 산업화의 흐름 속에 있었던 것 같다.

산업화 시대 기업들이 인력을 고용하는 중요한 채용 기준이 학력이었다. 그래서 좋은 대학을 나오는 것이 곧 자신이 가고 싶은 회사에 들어갈 수 있는 역량이 되었다. 이때부터 우리 사회의 교육열이 점점 더 가열되지 않았나 싶다.

그렇다면 이러한 고용사회 체제는 한국에서 언제까지 지속될 것인가? 연구에 의하면 한국 사회에도 고용의 변화가 일어나고 있다. 1997년 들이닥친 IMF 사태가 그 시발점이 되었으며 1998년 정부가 정리해고와 파견직을 합법화함으로써 견고한 고용사회가 흔들리기 시작했다.

필자는 대학을 졸업하고 운 좋게도 대기업에 취직했다. 모두가 부러워하는 직장이었다. 연수 시절 한 신입사원이 인사 담당자에게 이런 질문을 했다.

"이 기업의 미래는 어떻게 될까요? "

"혹시 경쟁이 심화되면 우리도 도태되지 않을까요?"

이 질문에 인사팀 팀장은 의미심장한 말을 했다.

"대마불사大馬不死."

바둑에서 큰 말은 죽지 않는다는 것이다. 한국에서 대기업은 죽지 않으니 열심히 일만 하면 된다는 논리였다. 그 말에 어느 누구도 이의를 제기하지 않았다. 당시에는 그러한 분위기가 지배적이었다. 그러나 IMF 사태를 전후해서 이런 주장은 힘을 잃고 말았다. 우리나라 재계는 IMF의 직격탄에 결국 법정관리 신청이라는 수순을 밟으며 몰락해 가고 말았다. 내가 몸담았던 '대마'도 결국 죽고 말았다. 기업이 흔들리자 감원을 단행하기 시작했다. 그때 나도 회사를 나와야만 했다.

이제 한국도 고용사회가 아니다. 통계청 발표에 따르면 2018년 8월 임용 근로자 중 비정규직 근로자의 비중이 33%에 이른다. 이 수치는 지속적으로 증가할 것이다. 회사에 고용되어 일하는 일반적인 고용사회가 서서히 종말을 맞고 있다 해도 과언이 아니라는 말이다. 그렇다면 이러한 사회에 우리는 어떻게 적응하며 살아야 할까? 회사를 뛰쳐나와야 할까? 아니면 현재 직장에서 최대한 버텨야 하는 것일까?

변화하는 체제에 적응하려면 현재 위치에서 나의 경쟁력을 최대한 강화하기 위한 준비를 해야 한다. 몸담고 있는 직장에서 최대한 롱런할 수 있는 나만의 '브랜드'를 만들 필요가 있다. 물건을 구매할 때 여러 면을 보고 구매 여부를 결정하는데 그중에서 브랜드는 중요한 요소이다. 소비자는 값이 좀 비싸더라도 그 브랜드가 주는 가치에 따라 충분히 추가 비용을 지불할 의사가 있기 때문이다.

직장도 마찬가지이다. 좀 서글픈 이야기지만, 직장에서 한 개인은 충분히 임금을 줄 가치가 있는지 아닌지 따져보는 부속물처럼 여겨지고 있다. 회사의 조직 체계 중 매트릭스 조직이라는 것이 있다. 사업 수주와 이행 조직을 분리하여 운영하는 방식이다. 사업부가 사업을 추진하면 그에 필요한 인력 자원을 사업지원 조직에서 선발하는 체제이다. 인력 운영 측면에서 아주 유용한 방식이라 할 수 있다. 이렇다 보니 프로젝트별로 필요 인력을 그때그때 선별하여 투입하는 형태로 운영된다. 이때 가용 자원에 여유가 있을 경우 가급적 역량이 뛰어난 인력을 요청하는 경우가 다반사다. 이때 개인의 브랜드 가치가 중요한 잣대가 된다.

조직에서 나는 어떤 브랜드일까? 구찌, 에르메스, 루이뷔통 같은 고급 브랜드 이미지인지, 중저가 브랜드인지, 아니면 시장에서 뒹구는 노브랜드인지를 확인해 보아야 한다. 어떤 브랜드로 취급받느냐에 따라 요즘처럼 평생 고용이 보장되지 않는 사회 분위기 속에서 지속적으로 일할 수 있을지 아니면 어느 순간 쫓겨날지 결정될 것이다. 따라서 자신이 아주 귀한 브랜드로 성장할 수 있도록 부단한 노력이 요구된다.

직장인 대신 직업인으로 체질 변화를

많은 기업들이 인력을 체계적으로 육성하기보다는 필요한 인력을 그때그때 채용해서 활용하고 있다. 급속하게 변화하는 기술과 환경 속에서 예전의 인력 운영 방식으로는 경쟁력을 확보하기 쉽지 않기 때문에 고용 체계에 변화가 일어나는 것이다.

인공지능(AI), 빅데이터 등 4차 산업혁명 핵심기술들이 급속도로 발전하는 기류 속에서, 언제 인재를 육성하고 사업을 진행할 수 있겠는가? 초기 비용은 들더라도 유능한 인력을 채용해서 사업을 해야 기업의 목표를 단기에 달성할 수 있을 것이다. 반면에 사업 방향에 맞추지 못하는 불필요한 인력은 구조조정으로 정리하고 있다.

이제는 자신을 어느 기업의 직장인으로 한정시켜서는 안 된다. 직업인으로서 나의 브랜드를 알리고 적재적소에서 내 역할을 해야 한다.

나의 브랜드 가치를 재고하라

상상해보자. 회사의 경영 악화로 필요 없는 조직을 없앤다면 내가 속한 팀은 무사할까? 우리 팀에서 인력을 감축하기로 한다면 거기 나도 속해 있을까?

생각만 해도 끔찍하지만 한 번은 생각해 봐야 한다. 그리고 자신 있게 '나는 아니다'라고 할 수 있는 브랜드 가치를 갖고 있어야 한다. 내가 시장에 나왔을 때 나를 데려가려는 사람이 많으려면, 즉 가치 있는 실력자가 되려면 무엇을 해야 하는지 항상 고민하고 실천해 나가야 한다.

퇴사 후 1주일 이내 시작할 수 있도록

회사가 구조조정을 하거나 폐업을 한다면, '나는 1주일 이내에 다른 곳으로 갈 수 있는가'를 자문해봐야 한다. 사전에 한번 시험해 보아도 좋다. 가고자 하는 회사에 이력서를 제시해 보라. 과연 내 이력서를 흔쾌히 받아 줄 것인지 확인해보는 것이다.

내 친구는 40대 중반에 회사의 파산으로 퇴사하게 됐다. 그때만 해도 아직은 젊다고 생각했고 '어디라도 들어가지 않겠나'

라는 안일한 생각을 했다고 한다. 그러나 아무리 열심히 이력서를 보내도 면접을 보자고 연락 오는 회사가 하나도 없었단다. 우선 나이에 부담을 느끼는 눈치라는 것이다.

변화에 대응해 쉽게 다른 기업으로 갈아탈 수 있는 준비를 사전에 해놓아야 한다. 지금 살기도 바쁜데 어떻게 준비를 하냐고? 그건 각자의 몫이다. 그렇지 않으면 갑자기 들이닥친 쓰나미에 맥없이 휩쓸려가는 존재가 될지도 모른다.

인생 2막, 3막도 준비를

'100세 시대'이다. 인생을 초년기, 중년기, 노년기로 나누던 경계가 점점 희미해지고 있다. 20대 청년과 70대 노년이 함께 일할 수도 있고 경우에 따라서는 70대 노인이 20대 청년을 대체할 수도 있다. 그만큼 나이는 중요한 요소가 아니라는 것이다.

예전처럼 나이 들었다고 아무것도 하지 않고 살기에는 인생이 너무 길어졌다. 평생 직업을 갖고, 평생 일하는 삶을 살 각오를 해야 한다. 다만, 청년기에 비해 노년에는 좀 더 여유로운 삶이 돼야 하지 않을까? 그러기 위해서는 나만의 실력으로 여유로운 삶과 안정적인 재정을 확보할 수 있는 원천을 확보해야 한다. 지금에 안주하는 삶을 살다 보면 미래에 힘겨운 삶을 맞이할 수밖에 없다. 나의 가치를 극대화할 수 있는 것이 무엇인지

지금부터 고민하고 실천해야 한다. 이와 동시에 노년을 위한 준비도 충분히 해야 한다. 그래야만 하는 시대가 되었다.

직장은 전쟁터지? 밖은 지옥이야

전국 시대 전략가들의 책략을 정리한 『전국책』에는 '호가호위 狐假虎威'라는 말이 나온다. 여우가 호랑이의 힘을 빌어 위세를 떤다는 뜻이다.

전국 시대, 북방의 나라들이 초나라의 소해휼이라는 재상을 두려워했다. 이를 이상히 여긴 초나라 선왕이 신하 강을에게 그 이유를 묻자, 강을이 이렇게 대답했다.

> 이런 얘기가 있습니다. 호랑이가 여우 한 마리를 잡았습니다. 그러자 두려움에 떨던 여우가 말했습니다.
>
> "나는 천제로부터 백수의 왕으로 임명됐으니 나를 해치면 천벌을 받을 거야. 믿기지 않거든 나를 따라오렴."
>
> 여우의 말을 듣고 호랑이가 그 뒤를 따르니 만나는 짐승마다 모두 달아나는 것이었습니다. 사실 짐승들은 여우 뒤에 있는 호랑이를 보고 달아난 것이지만, 호랑이는 그

것을 깨닫지 못했습니다.

북방 제국이 소해휼을 두려워하는 것도 이와 같습니다. 실은 소해휼의 배후에 있는 초나라의 군세를 두려워하는 것입니다.

대기업에 다니는 직장인이 있다. 그는 '갑질'로 협력업체를 괴롭히는 전형적인 인간이다. 협력업체 직원들도 항상 그에게 굽실거렸다. 나이가 50줄에 접어들었지만 두려울 게 없는 그였다. 잘 꾸며진 사무실에서 근무하고 남들이 부러워하는 정도의 연봉을 받았다. 잘만 버티면 정년까지는 무난할 거라 생각했다. 정년 후 자기를 떠받드는 협력업체로 오라는 이야기도 들었다.

그런 그에게 갑자기 삶이 바뀌는 사건이 발생했다. 회사에서 그가 수행하고 있던 전략 사업을 철수한다는 것이었다. 하루아침에 몸담고 있던 사업부가 공중 분해됐고, 그도 회사를 떠나야 했다. 예전부터 자신을 챙겨주던 거래처 김 사장에게 전화를 했다. 김 사장은 예전에 자신을 대하던 목소리와 사뭇 달랐다. 어렵게 술자리를 같이 하게 된 그는 김 사장의 태도가 180도 달라졌음을 느끼고 놀라움과 서운한 감정이 들었다고 한다. 그동안 자신이 힘 있고 유능해서 협력업체 직원들이 굽실거린 것으로 착각했던 것이다.

주위에 회사를 박차고 나가거나 어쩔 수 없이 떠나는 사람을 자주 본다. 그들이 공통적으로 하는 말은 회사 밖은 더 치열하다는 것이다. 직장생활의 애환을 리얼하게 그려낸 드라마 〈미생〉에 이런 대사가 나온다.

"직장은 정글이지? 나가면 지옥이다."

자신을 지켜주던 회사의 보호막은 언젠가 없어질 것이다. 그때는 어느 조직에도 속하지 않은 한 인간으로서 자신의 역량을 보여주어야 한다. 직장인이 아닌 직업인이 되어야 회사를 떠나서도 자생할 수 있는 것이다.

자생력을 키우기 위해 지금부터라도 부단히 노력해야 한다. 안일하게 회사의 그늘에 묻혀 하루하루 살아가다 어느 날 갑자기 그 그늘이 사라지는 순간, 아무것도 할 수 없는 나약한 존재가 되어서는 안 된다. 철저한 대비 없이는 춥디추운 인생 2막을 맞이할 뿐이다.

구조조정,
두려워하는 자가 표적이 된다

협상 전술에 '배트나(Best Alternative To Negotiated Agreement, BATNA)'라는 것이 있다. 가장 좋은 조건의 협상이 결렬됐을 때 제시할 차선책을 뜻한다.

전셋집을 구하느라 부동산을 돌아다녔던 기억이 있다. 당시는 전세가 나오기 무섭게 계약이 이루어지던 시기였다. 매물을 하나 보게 되었는데 그리 탐탁지는 않았다. 가격 협상도, 이사 날짜 조정도 쉽지 않았다. 결국 불리한 조건으로 그 전셋집을 계약해야만 했다. 대안이 없었기 때문이다.

경기가 좋을 때는 회사가 마음에 들지 않으면 다른 회사로 옮기면 된다. 여러 개의 대안이 있기 때문에 직장을 구하는 사람에게 협상력이 있다. 원하는 급여, 근무조건 등을 따져 직장을 구할 수 있다. 그런데 불경기에 구조조정을 한다면 어떨까? 해고 이후 대안이 없으면 두려운 나날을 보내게 된다.

산업 유형 중 수주 산업이 있다. 수요자의 주문에 따라 생산하는 산업을 일컫는데, 수요량이 적고 가격은 높은 상품을 생산하는 산업이 이에 해당된다. 따라서 수주 업체 선정 과정에서 치열한 경쟁이 발생한다. 우리나라 효자산업이었던 조선업이 대표적인 수주 산업이라 할 수 있다. 경기가 좋을 때는 수주를 통해 쉽게 매출이 증대되지만 불경기에는 수주 급감으로 매출에 심각한 영향을 준다.

정보시스템을 구축하는 SI(System Integration) 산업도 대표적인 수주 산업이라 할 수 있다. 프로젝트 입찰에서 수주를 해야 기업의 매출이 확보되는 구조이다. 개인도 프로젝트를 수주하고 투입되어야 직장 생활을 영위할 수 있다. 그렇다 보니, 수주에 실패하면 기업의 유휴 인력으로 남게 된다. 이 프로젝트에 투입되지 않아도 다른 프로젝트가 있고 회사를 퇴사하더라도 갈 곳이 있다는 자신감을 갖추지 못한 사람은 항상 불안할 수밖에 없다. 항상 준비하고 역량을 키워나가야 회사가 구조조정을 단행해도 두렵지 않다.

늦은 나이에 박사 학위를 취득한 노교수님이 계셨다. 공공기관의 임원으로 정년까지 마치고 대학 교수로 자리 잡은 분이었다. 조심스럽게 술자리에서 그 분께 여쭤봤다.

"회사의 중역이시면서 왜 굳이 늦은 나이에 박사학위를 받으셨어요? 무슨 좋은 점이 있던가요?"

"박사가 된다고 직장인에게 그리 큰 도움이 되는 건 아니지. 그런데, 학위를 취득하니 나중에 다른 것도 할 수 있겠다는 자신감이 생기고 구조조정이 다가와도 그리 두렵지 않더라고."

그가 임원 자리에 안주하고 그 달콤함에서 헤어나지 못했다면 지금 그러한 삶을 살지 못했을 것이다. 항상 준비하는 자가 나중에 힘을 발휘한다는 것을 보여준 사례이다.

회사는 당당하고 자신감 있는 사람, 역량을 갖춘 사람은 손대지 못한다. 그리 쓸모가 없고 역량이 떨어지며 구조조정 앞에 나약하게 떨고 있는 사람이 표적이 되는 것이다.

Part 2
일 잘하는 사람의
직장생활 기본기

왜 기본에 충실해야 할까

직장생활을 원하는 만큼 오래, 그리고 잘 하려면 우선 직장생활의 기본에 충실해야 한다. 직장이라는 테두리에 들어오면 조직의 규범을 따르는 것이 일반적이다. 만약 그 규범을 따르지 못하고 적응하지 못한다면 조직에 속해 있어서는 안 된다. 잔소리처럼 들릴지 모르지만, 직장인들은 직장 기본 규범을 충실히 따라주어야 한다. 여기서 규범이란 강제적 구속의 의미가 아니라 원만한 조직 운영을 위한 행동 양식이기 때문이다. 만약 이러한 기본마저 지켜지지 않는다면 조직이 제 기능을 하기 어렵다.

그럼 직장생활에서 지켜야 할 기본기는 어떤 것들일까?

근태 관리는 철저히

요즘 근무 시간은 근로기준법상 주 52시간으로 정해져 있고 일부 기업에서는 유연 근무제 채택으로 출퇴근이 좀 더 자유스러운 분위기다. 그러나 이러한 환경 변화에도 기본에 충실해야 한다는 것은 변함이 없다. 왜냐하면 근태는 직장인들에게 기본 중의 기본이기 때문이다.

아직도 회사에는 '꼰대'들이 많다. 이들은 몇십 년 직장생활을 해오면서 근태 관리가 철저히 몸에 밴 사람들이다. 따라서 부하직원을 평가할 때 근태는 기본적인 요소라고 생각한다. 근태가 제대로 지켜지지 않으면 그들 눈 밖에 나기 쉽다.

내 할 일만 제대로 하면 되는 것 아니냐고 반문하는 사람들도 있을 것이다. 그러나 직장은 조직이며, 조직 속에서 공통의 규범을 갖고 일할 때 유기적 관계가 형성되고 조직이 살아난다.

인사를 잘하자

직장은 여러 사람들이 모여 근무하는 곳이다. 따라서 서로 간의 존중은 기본이다. 그 대표적인 예의 표시가 인사이다.

어떤 직원들은 인사를 잘 하지 않는다. 해도 대충 하기 일쑤다. 사람과 사람이 만날 때, 말이나 몸짓 등 어떤 의례적 교환이 있는 것이 보통이다. 종교사회학에서는 '소극적 의례'와 '적극적 의례'를 나누는데, 상대에게 함부로 근접할 의도가 없다는 것을 전하는 접촉 회피의 몸짓이 소극적 의례라고 한다. 인사는 이러한 소극적 의례 표시이다.

중국에서 인사라는 말은 본래 '극진하게 사랑한다'라는 의미라고 한다. 예에 관한 유교 경서 중 하나인 『의례』에 다양한 인사 방법이 상세하게 기록돼 있는데, 신분의 귀천과 상하를 명확하게 하는 것이 목적이며, 비천한 자는 윗사람에게 은혜와 존경을 표시하고 귀한 자는 그 동작이나 말에서 상대방의 마음을 보려 했다고 전한다.

그런데 이제는 인사의 개념도 시대에 맞게 변해야 한다는 생각이다. 인사는 상대방과의 교감 및 존경의 표시이다. 따라서 아랫사람이 윗사람에게 먼저 인사해야 한다고 생각하면 오산이다. 일반적으로 아랫사람이 인사를 하지 않으면 불쾌감을 나타내곤 하는데 상사나 윗사람이라고 해서 먼저 인사하지 말라는 법은 없다. 위아래 따지지 말고 먼저 본 사람이 반갑게 인사는 문화를 만들어 보면 좋겠다.

업무 시간에는 업무에 집중하라

의외로 이 부분이 잘 지켜지지 않는 경우가 많다. 개인적인 일을 업무 시간 중 수행하는 직장인들이 많다.

한 설문조사에 따르면 하루 평균 9시간 30분을 직장에서 보내는데 이중 22.4%인 1시간 54분 정도를 인터넷 검색 및 동료와의 잡담, 메신저 이용 등 개인 활동에 사용했다고 한다. 이렇듯 많은 시간을 업무 외적인 일에 할애하고 있는 것이 현실이다.

업무 시간에는 업무에만 집중해야 한다. 업무 시간에 일을 하지 않고 미루다가 야근을 해야 한다면 얼마나 비효율적인 근무 형태이겠는가?

기본적으로 지켜야 하는 점심시간도 별 거리낌 없이 지켜지지 않을 때가 많다. 흔히 식사를 하면서 업무 외적인 이야기도 하고 동료애도 돈독히 한다. 문제는 점심시간이 지나도 사무실로 들어가지 않고 계속 잡담이 이어질 때가 많다는 것이다. 잠시 휴식 후 다시 원래의 업무 모드로 전환해야 한다. 그래야 우리가 원하는 '저녁이 있는 삶'을 즐길 수 있다.

가끔 영화에서 외국인이 사무실에서 햄버거를 먹으며 일하는 모습을 볼 수 있다. 이렇듯 해야 할 일이 많으면 시간을 쪼개 집중함으로써 최대한 야근을 지양하는 자세가 필요하다. 직장의 현실을 무시한 이야기라고? 업무 시간 준수를 철칙처럼 지키기는 어렵다는 것을 필자도 잘 알고 있다. 그러나 기본부터 지키고 주장할 것은 주장해야 하지 않을까?

업무 처리는 결과 중심으로

일의 성과를 시간으로 보여주려 하는 직원들이 있다. 오랫동안 열심히 하는 것이 곧 성과라고 말하는 유형이다. 그러나 열심히 하는 것으로는 부족하다. '잘해야' 하는 시대이다. 일하는 방식을 고쳐서 일의 질을 향상시켜야 한다. 오랫동안 일하고 그 것으로 만족하는 시대는 끝났다.

문서를 만드는데, 한 사람은 OCR(문자인식 프로그램)로 기존 문서에서 텍스트를 자동으로 추출하고 편집함으로써 일을 효율적으로 마치고 일찍 퇴근한 반면, 다른 직원은 문서를 일일이 타이핑하며 몇 시간이나 더 일했다. 그러고는 뿌듯한 마음으로 퇴근했다. 자기만 늦게까지 일한다는 불평도 빼놓지 않으면서. 일찍 퇴근한 직원에 대한 상사의 시선도 곱지 않다. 그런데 업무 결과를 한번 확인해 보자.

직접 타이핑을 한 결과물에는 오타가 너무 많았다. 일의 성과에서 품질이 확보되지 않은 것이다. 또한 야근을 한 직원에 대해서는 야근수당이라는 추가 비용도 발생했다. 반면 효율적인 업무 수행의 결과물은 상대적으로 품질이 우수했다. 추가 경비도 발생하지 않을 뿐더러 직원 개인의 삶도 안정되어 직장 만족도가 향상된 결과를 낳았다.

업무 성과를 시간을 근거로 파악하는 시대착오적인 생각은 버려야 한다. 일을 얼마나 효율적으로 수행하고 성과를 냈는지 판단해야 한다. 결과와 성과 중심의 업무 처리가 이 시대의 미덕이다.

타인을 존중하라

직장생활에서 타인 존중은 아주 중요한 요소이다. 영화 〈달콤한 인생〉에서 주인공 선우가 보스 강 사장에게 자신을 죽이려 한 이유를 묻자 그는 이렇게 말한다.

"너는 나에게 모욕감을 줬어."

한 개인이 느낀 모욕감이 모든 일의 발단이 된 것이다. 나의 말과 행동을 타인이 어떻게 받아들일지 고민하고 행동해야 한다. '나는 나쁜 의도가 아니었어'라고 항변한다 해도 받아들이는 상대방의 감정은 그렇지 않다면, 내 말과 행동에 문제가 있는 것이다.

최근 미투 운동이 거세게 일어났다. 지금까지 드러내놓지 못하던 아픈 현실이 이제 밖으로 나온 것이다. 밝혀지는 사건들을 보면 가해자는 항상 이런 말을 한다.

'상대가 그렇게 아프게 받아들이는 줄 몰랐다.'

내가 무심코 던진 돌에 개구리는 맞아 죽는 법이다. 따라서 항상 타인을 배려하고 존중해주어야 한다. 직장에서 타인은 동료이다. 비록 직급은 상하로 나뉘지만, 업무 수행 편의를 위해 그렇게 조직을 구성한 것이지 군대 계급처럼 명령을 하달하기 위해 만든 것이 아니다.

타인도 나와 동일한 급료를 받고 일하는 평등한 존재인데, 회사의 직급을 빌려 그에게 모욕감을 주거나 강한 지시로 도를 넘어서는 안 된다. 흔히 말하는 '갑질'도 이런 기본적인 예의가 지켜지지 않아 벌어지는 일이다.

회사에서 타인에 대한 배려는 동료뿐만 아니라 보이지 않는 곳에서 일하시는 분들에게까지 확대해야 한다. '웨이터 법칙'이 라는 것이 있다. 웨이터가 실수로 손님의 양복에 물을 쏟았을 때 보이는 대처 방식으로 그 사람의 인격을 알 수 있다는 법칙 이다. 일부 직원들은 회사의 보이지 않는 곳에서 묵묵히 일하는 사람들에게는 무례한 모습을 보이기도 한다. 청소하는 분, 경비 아저씨, 안내 데스크 담당자들에게도 따뜻한 말 한마디 건넬 수 있는 직장 분위기를 만들어보자.

몰입의 힘

2018년 지금까지의 직장생활에서는 찾아볼 수 없는 큰 변화가 있었다. 이 변화의 중심에는 주 52시간 근무를 강제하는 근로기준법이 있다. 이제부터는 주 40시간 기본 근무에다, 연장 근로를 12시간으로 제한하는 것이다.

지금까지 직장인들의 근무 형태는 어떠했나? '일주일은 월화수목금금금'이라는 자조처럼 온통 회사에 매이는 생활 패턴이었다. 지난 수십 년간 직장인 특히 사무직 근로자들은 생산성보다는 근무 시간으로 노력과 성과를 평가받곤 했다. 오랫동안 엉덩이를 붙이고 있는 것만으로 능력을 인정받아온 것이다. 사무직 직장인의 생산성은 생산직 근로자와 다른 기준이 적용된 셈이다. 그러나 이것으로 충분할까?

이제 젊은 직장인들은 현재의 삶을 중요하게 생각하고 자신이 원하는 것을 선택하려는 경향이 강하다. 일에서도 성과를 창출해서 만족감과 자아효능감을 얻으려 한다. 그렇다 보니 더욱 집중적으로 일하는데, 이때 필요한 것이 몰입이다. 국내 최고의 몰입 전문가 황농문 교수는 몰입에 대해 이렇게 정의한다.

> "몰입은 잠자는 두뇌를 깨우는 최고의 방법이며
> 창조력을 발휘해 행복한 삶을 사는 지름길이다.
> 두뇌를 최대한 활용할 때 최고의 삶을 살 수 있다."

칙센트미하이 교수 역시 『창의성의 즐거움』이라는 책에서 몰입을 다룬다. 창의적인 사람들은 자신의 일을 사랑하는데, 어떤 일을 하느냐보다는 어떻게 하느냐가 중요하다는 것이다. 그는 몰입 상태에서 사람들이 경험하는 아홉 가지 느낌을 다음과 같이 정리했다.

1. 자신이 무엇을 해야 하는지 정확히 알고 있다.
2. 자신이 얼마나 잘하고 있는지 알고 있다.
3. 자신의 능력이 주어진 일을 하기에 적절하다고 느낀다.
4. 지금 하고 있는 일에 주의력이 집중된다.
5. 그 자리에서 하는 일만 의식한다.
6. 무언가에 전념하고 있으면 실패를 걱정할 여유가 없다.
7. 지금 하는 일에 몰두한 나머지 타인의 시선을 의식하거나 자기를 방어하지 않는다.

8. 시간 감각을 잊게 되어 현실적인 시간이 더 이상 적용되지 않는다.
9. 위 요건들이 모두 갖추어지면 무슨 일이든 즐기면서 할 수 있다.

몰입하면 무슨 일이든 즐기면서 할 수 있다는 것에 주목해야 한다. 그럼, 우리 직장인들은 어떻게 몰입을 실천할 수 있을까? 일을 수행할 때 방해되는 요소를 철저히 배제해야 한다.

'자이가르닉 효과'라는 심리학 이론이 있다. 일이 완결되지 않으면 긴장이나 불편한 마음이 쉽게 지워지지 않고 지속되는 것을 말한다. 식당에서 그 많은 메뉴를 기억하는 웨이터를 보면서 감탄을 금치 못한 경험이 있을 것이다. 그러나 그 웨이터는 다음 주문을 받고 일을 진행할 땐 이전에 주문받은 메뉴에 대해서는 기억하지 못하는 것으로 나타난다. 이렇듯 어떠한 일을 완전히 끝내지 않고 다른 일을 하면 몰입에 방해되기 때문에, 일을 시작하면 철저히 마무리 짓고 나서 다음 일을 시작해야 한다.

일을 하다 보면 이메일을 작성하다가도 갑자기 거래처의 업무 지원 요청이 들어오기도 하고 중간에 상사의 지시가 내려오는 등 업무의 흐름을 끊는 일들이 자주 발생한다. 어떠한 일의 마무리가 되지 않은 상태에서 다른 업무가 지속적으로 연결되어 몰입을 방해하는 것이다.

그렇다면 업무를 방해하는 요소를 어떻게 차단할까?

인터넷을 철저히 통제하라

자료를 찾기 위해 인터넷을 검색하다 어느새 자극적인 기사를 읽고 있는 자신을 발견한 경험이 있을 것이다. 개인적인 인터넷 서핑은 업무의 몰입을 방해하는 최대 적이다.

업무를 위한 용도가 아니라면 인터넷 사용을 최대한 자제해야 한다. 인터넷을 철저히 통제하라는 말이다. 이를 위해 개인적인 용무로 인터넷을 사용하는 시간대를 정해두는 것이 좋다. 어쩔 수 없이 인터넷을 써야 한다면 점심시간이나 특정 시간을 정해 놓고 사용하는 것이다.

잡다한 일상을 통제하라

일에 몰입하다가도 커피 한잔하자고 청하는 동료, 불쑥불쑥 끼어드는 상사의 지시 사항, 수시로 이메일을 확인하는 습관 등으로 흐름이 깨지기도 한다. 학창시절 열심히 공부하고 있는데 친구가 이야기 좀 하자고 해서 나갔다가 돌아오면 집중력이 흐트러지던 것과 마찬가지이다.

이런 예측불가능한 상황을 어떻게 관리하냐고 반문하는 이도 있을 것이다. 이러한 요소들은 통제가 힘든 것이 사실이다. 상사의 업무 지시나 동료의 요청을 무시하기만 한다면 원만한 직장생활이 불가능할 테니까.

따라서 이런 상황을 통제하는 자신만의 요령이 필요하다. 친한 동료가 미팅을 원할 경우, 일정 시스템 또는 사전에 요청한 공식 업무 미팅이 아니라면 연기한다. 특히 업무에 방해가 되는 사적인 미팅이라면, 내가 시간을 확보할 수 있는 때 보자고 정중히 제의한다.

상사의 시도 때도 없는 업무 지시를 거절하기 어려울 땐, 일단 지시 사항을 업무 리스트에 등록해두고 수행 여부 및 시기는 추후로 미룬다.

경청,
마음만 먹으면 할 수 있다?

● ● ● ● ● ●

『시경』에는 '언자무죄 문자족계言者無罪 聞者足戒'라는 말이 나온다. 말을 하는 사람은 죄가 없고 듣는 이가 경계로 삼아야 한다는 뜻이다.

많은 사람들이 자신은 경청을 잘한다고 생각한다. 심지어 마음만 먹으면 할 수 있는 것이 경청이라고 말한다. 말하는 것이 어렵지 남의 이야기를 들어주는 게 뭐가 어렵냐는 반응이다. 그러나 제대로 된 경청은 너무나도 어려운 일이다.

경청이라는 한자를 보면 '기울일 경傾'과 '들을 청聽'으로 이루어져 있는데, 몸을 기울여 주의 깊게 듣는 것이다. 이처럼 상대의 말에 귀를 기울이는 모습은 요즘처럼 치열하게 자신의 목소리만 높이는 시대에 더욱 필요한 자세이다.

특히 직장에서 타인의 의견에 귀를 기울이는 자세는 업무능력 향상뿐만 아니라 인간관계 증진에도 좋은 영향을 미칠 수 있다.

그렇다면 경청을 방해하는 요소는 무엇일까? 우리는 누군가와 이야기를 할 때 그 내용을 평가하고 해석하면서 충고를 하려 든다. 상대가 자신에게 이야기하는 것은 문제에 대한 답을 찾기 위해서라고 믿으면서.

고민에 빠진 후배나 동료가 조언을 구하겠다고 찾아오면, 훌륭한 해법을 알려주기 위해 촉각을 세워 그의 말에 귀 기울인다. 그런데 문제는 그의 이야기를 들으며 공감하는 것이 아니라, 어떤 해답을 줄 것인지 궁리하는데 정신이 쏠린다는 것이다. 경청의 취지는 사라지고 없다.

앞서 말한 어원을 다시 생각해보면 경청은 그의 이야기에 같이 공감하고 그와 같은 상황으로 빠져든다는 것이지, 한 발짝 뒤로 물러서서 그의 말을 분석하고 정답을 구하려는 자세는 아니다. 상대에게 빠져들다 보면 무언가를 분석하고 말을 가로채면서 제시할 겨를이 없다.

이렇게 상대에게 몰입하다 보면 어느새 문제가 스스로 해결되는 경우가 있다. 이렇듯 경청의 바탕에는 적극적인 공감이 있어야 한다.

그렇다면, 올바른 경청의 방법은 무엇일까? 특히 리더는 직원들의 말을 경청하고 이를 업무 지시에 어떻게 반영하는 것이 좋을까?

조용히 들으라

화자의 말을 끊지 말고 듣기만 하라. 내 의견에 반하는 말을 하더라도 일단은 들어야 한다. 답답하고 지겹더라도 묵묵히 듣는 것이다. 가끔은 그가 말하는 것이 틀린 방향일 때도 있다. 그래도 인내심을 갖고 조용히 들어주는 것이 가장 중요하다.

상대방의 이야기를 모두 들어야만 그가 어떤 상황인지 제대로 파악할 수 있다. 또한 말하는 사람도 두서없이 이야기를 하다가도 자신의 생각을 정리할 수 있다.

호응하라

경청에 대한 오해 중 하나가 그저 듣기만 하면 된다고 생각하는 것이다. 심지어 딴생각을 하면서 듣는 척만 하는 경우도 있다. 상대방의 말에 공감하며 같이 격분하기도 하고 울어주기도 해야 한다. 이야기를 나누며 상대방과 친밀감과 신뢰 관계, 즉 라포rapport를 형성하는 것이다. 상대방이 말할 때 그의 행동을 따라하는 것도 좋다. 예를 들면, 고개를 끄덕이거나 맞장구를 치는 행위는 화자에게 안정감을 준다.

요즘 젊은 친구들의 대화를 들어 보면 대화 중간에 '정말?'이라는 말을 자주 한다. 필자가 젊은 사원과 대화할 때였다. 내가 무슨 말을 할 때마다 그 직원은 '정말요?'라고 하는 것이었다. 솔직히 처음에는 좀 불쾌했다. 내 말의 진위성을 의심하는 건가? 그런데 이 표현은 내가 상대방의 말을 잘 따라가며 공감하고 있다는 표시라는 것을 나중에 알았다. 요즘은 나도 대화중 자주 사용하는 말이기도 하다.

판소리에서도 창자가 소리를 하면 북을 치는 고수는 추임새를 넣으면서 소리에 더욱 생기를 불어 넣는다. 이제부터라도 상대방이 말할 때 적절히 호응해주자.

해결 방안을 요청하라

해결책을 주는 것도 좋지만 먼저 상대방이 생각하는 해결 방안을 제시해 보라고 말하라. 대부분의 사람들은 자신의 문제에 대한 해결 방안을 어느 정도는 갖고 있다. 따라서 그의 해결 방안을 먼저 들어보고 자신의 의견을 제시하는 것이 좋다.

그가 구체적인 의견을 제시했을 때는 그 의견으로부터 출발해야 한다. 그의 의견은 부정해버리고 내 의견만 제시한다면 이를 쉽게 받아들이지 못할 것이다. 일단 그의 생각에서 출발해서 더 나은 해결안을 찾아가는 과정이 필요하다.

후속 만남을 약속하라

한번 이야기를 나눠서 문제가 해결되지 않았다면 추후 일정을 잡아라. 그리고 항상 따뜻한 자세를 유지해라. '언제나 당신의 말에 귀 기울일 테니 필요할 땐 언제든지 연락해'라고 말해 보자. 이 말은 상대방에게 안정감과 신뢰감을 준다.

그러고 나서 만남이 이루어지면 처음보다 한결 나은 해결 방안이 나올 수 있다. 나도 한 은사님이 학위 수여식에서 하신 말씀이 잊히지 않는다.

"필요하면 언제든지 연락하게나.
내가 힘닿는 데까지 도와줌세."

지시하기 앞서 경청하라

리더가 직원에게 업무를 지시할 때도 경청이 중요하다. 직원이 업무를 진행하면서 어떤 생각을 하는지, 그 일을 수행하면서 문제점은 없는지 적극적으로 경청해야 한다.

많은 직장인들이 상대방의 이야기를 듣지 않고 자신의 이야기만 하는 경우가 많다. 흔한 오해 중 하나가 회의석상에서 이야기를 많이 하면 유능해 보인다고 생각하는 것이다. 말을 많이 하면 실력과 권위가 있는 줄 착각한다. 타인의 이야기를 경청하지 않고 말을 가로채거나 끊는 행위는 아직 역량이 부족함을 내비치는 것과 다름없다.

교육 컨설턴트 키이스 페라지는 『혼자 일하지 마라』에서 네 가지 듣기 유형, 4R을 제시하고 있다.

1. Removed listening(헛듣기) : 딴짓을 하면서 듣는 둥 마는 둥 하는 것
2. Reactive listening(반사적 듣기) : 헛듣기보다는 좀 더 집중하지만 상대가 말하는 것을 제대로 듣지 않는 상태
3. Responsible listening(책임감 있게 듣기) : 일방적으로 말하는 것이 아니라 상대방과 함께 이야기를 나누며 듣는 상태
4. Receptive listening(수용적 듣기) : 상대방의 말에 충분히 공감하며 듣는 상태

위 유형 중 마지막 듣기 단계를 수행하기 위해 지속적으로 노력해야 한다. 상대방의 말을 건성으로 듣는 것이 아닌 충분히 공감하면서 듣는 경청의 자세는 리더가 반드시 갖춰야 할 덕목이다.

경청 후 생각하는 시간을 가지라

충분히 듣고 공감했으면 어떻게 할 것인지를 곰곰이 생각하는 시간이 필요하다. 필요에 따라서는 업무 지시를 해야 할 것

이다. 그러나 이야기를 듣는 즉시 즉흥적으로 지시를 해서는 안된다. 리더는 경청한 내용에 기반해 어떻게 하는 것이 효율적이고 적절한지를 충분히 생각해 보아야 한다.

업무도 교통정리가 필요하다

업무 진행 방향을 제시했다면 수행 과정을 충분히 확인해야 한다. 무작정 지시를 하기보다는 업무를 수행하는데 문제점은 없는지, 필요한 것은 없는지를 체크해야 한다. 그리고 지원해줄 것은 최대한 지원해 주어야 한다. 그것이 리더의 역할이다.

무작정 일단 해보라는 지시는 지양해야 한다. 전략과 전술을 제시해주면 일을 수행하는 사람들의 성과가 더욱 상승할 것이다.

권한을 주고 책임감을 요구하라

일을 맡겼으면 직원에게 필요한 권한을 부여해야 한다. 업무를 수행하는데 힘을 실어줘야 한다는 것이다. 일을 시켜놓고 일일이 간섭하고 모든 내용을 보고받으려 하면 업무가 제대로 이뤄질 수 없으며 시간도 지체될 것이다. 필요할 때는 과감히 권한을 위임해서 적극적으로 일할 수 있도록 기반을 마련해 주어야 한다. 단, 업무 기간과 목표를 명확히 제시하고 업무를 수행하지 못했을 때 그에 대한 책임을 물어야 한다.

우리는 사람들과 끊임없이 접촉하며 살고 있다. 따라서 원활한 관계맺음이 중요하다. 내 목소리만 강조하면 당장은 성과를 가져올 수 있지만 그리 오래가지 못할 것이다. 진정한 최후 승자가 되려면, 타인의 목소리를 한 번 더 들을 줄 알아야 한다.

상사는 나의 인맥이다

직장생활에서 신경 써야 할 중요한 한 가지는 상사와의 관계를 관리하는 것이다.

일반적으로 상사는 나의 실력 향상에 도움을 주고 힘들 때는 보살펴 주는 존재이지만 사실상 관계는 어려운 것이 사실이다. 직장인들의 이직 사유로 '상사와의 불화'가 많은 경우를 차지하는 것을 보면 상사와의 관계 증진이 그리 쉬운 일은 아니다.

독단적이고 일방적인 상사 때문에 이직하기도 하지만 회사를 옮기더라도 그 문제는 쉽게 해결되지 않는다. 그 상사를 피해 도망가도 다른 곳에 그와 똑같은 상사가 있기 때문이다.

우리가 원하는 유형의 상사를 만나기는 결코 쉬운 일이 아니니 그를 피해 다른 곳으로 가기보다는 차라리 현재의 상사를 잘 관리하는 편이 나을 것이다.

상사를 나의 인맥으로 삼는 처신이 필요하다. 상사와 가까워지면 그만큼 직장생활의 다양한 고충을 해결하기도 수월해진다.

상사와 자주 접촉하라

'단순노출 효과'라는 이론이 있다. 미국 사회심리학자인 로버트 자이언스가 처음 제시한 이론이다. 그는 일련의 실험을 통해 단순노출 효과에 대해 입증했는데, 대학생들에게 무작위로 12장의 얼굴 사진을 여러 차례 보여주고 얼마나 호감을 느끼는지 측정했다.

사진을 보여주는 횟수를 달리하면서 호감도를 분석한 결과, 사진을 보여주는 횟수가 증가함에 따라 호감도도 증가했다. 즉 모르는 사람의 사진도 자꾸 보다 보면 친근감이 생겨 호감을 느낀다는 것이다. 군대에서 매일 여자친구에게 편지를 보냈는데, 정작 여자친구는 편지를 배달해주는 우체부와 사랑에 빠졌다는 이야기도 있지 않은가.

상사와 친해지고 싶다면 자주 찾아가 보고를 해야 한다. 접촉이 늘수록 상사는 당신에게 더욱 관심을 갖게 되고 당신을 신뢰할 확률도 높아질 것이다.

경영 컨설턴트 한근태는 『피터 드러커 노트』에서 피터 드러커가 제시하는 상사의 모습을 다음과 같이 정리했다.

1. 상사도 인간이다. 따라서 인간적인 면으로 다가서라.
2. 상사가 늘 당신을 헤아려 줄 것이라고 생각하지 마라.

3. 상사를 과소평가하지 마라. 과대평가는 괜찮지만 과소
   평가는 하지 마라.
4. 상사를 변화시키려 하지 마라. 그는 변하지 않는다.
5. 상사의 유형을 파악해라. 우리는 상사가 원하는 대로
   행동해야 한다.

상사 역할은 어찌 보면 외로운 자리이다. 주위에 아첨하는 사람들은 많지만 자신의 속내를 드러내놓고 이야기할 사람은 많지 않다. 따라서 상사에게 단순 상하 관계가 아닌 인간적으로 다가갈 필요가 있다. 그러면 그도 마음 문을 열고 다가올 것이다. 상사에게 인정받고 싶다면 그에게 다가가야 한다.

상사를 과소평가하지 마라

상사의 실력을 과소평가하는 직원들이 있다. 중국 고사에 '공고진주功高震主'라는 말이 있다. '주인을 떨게 할 만큼 공이 크다'는 뜻으로, 권력자를 도와 큰일을 성취한 공신들 중에는 주인을 능가하는 경우가 적지 않다.

한신은 유방을 도와 한나라를 건국한 뛰어난 장군이자 충신으로 이름을 날렸다. 그럼에도 유방에게 죽음을 면치 못했다. 공을 많이 세웠으나 황제를 불안하게 만들었기 때문이다. 반면 소

하라는 신하는 모든 공을 황제에게 돌리며 황제의 체면을 세워 줌으로써 끝까지 재상의 자리를 지켰다.

직장에서도 이러한 원칙은 지켜져야 한다. 자신의 실력을 믿고 상사를 업신여기거나 자기가 성과를 이루었다고 모든 공을 독차지하려고 해서는 안 된다. 부하의 공이 높으면 상사는 그것을 두려워하는 법이다. 너무 유능한 부하는 상사의 제거 대상이 될 수 있다는 점을 기억해야 한다.

내 상사는 어떤 유형일까?

상사의 유형에 맞춰 대응할 줄 알아야 한다.

필자는 연초가 되면 색다른 경험을 자주 하곤 했다. 회사의 정책으로 팀장이 바뀐 경우, 항상 좋은 성과를 내던 유능한 직원이 새로운 팀장을 만나서는 자주 혼이 나는 것이다. 기존처럼 보고를 했는데 새로운 팀장은 썩 좋아하지 않았다. 작년 팀장은 그런 보고에 아주 만족했기 때문에 새로운 팀장의 태도가 여간 당황스러운 게 아니었다. 이는 상사의 유형이 달랐기 때문이다.

직장생활은 설득의 연속이라 해도 과언이 아니다. 타인을 설득하기 위해서는 대상의 정확한 유형을 파악하고 접근해야 한다. 특히 그 대상이 상사라면 더욱 그러하다. 상사를 설득하지 못하면 업무를 진행할 수 없는 상황이 발생할 수 있기 때문이다. 상대의 유형에 따라 접근 방식을 달리하는 것을 아부라고 생각할 수도 있지만, 어떤 조직에서든 자신의 역량을 펼치기 위해서 넘어야 하는 것이 상사이다. 좀 치사하고 나에게는 맞지 않다 하더라도 조직에서 실력을 발휘하고 성과를 인정받으려면 이러한 수고는 감내해야 할 것이다.

과시욕 강한 표출형

이 유형의 상사들은 부하 직원의 이야기를 들어주기보다 자신이 이야기하는 것을 더 좋아한다. 그리고 타인에게 자신을 보여주려고 한다. 과시욕이 강한 것이다. 이러한 상사에게는 약간의 아부가 필요하다. 그가 이야기하는 것에 맞장구를 쳐주거나 필요에 따라 적당한 질문도 곁들인다. 그가 더 이야기하고 싶어 하고 자랑하고 싶어 하는 것을 들춰내기 위한 질문거리 말이다.

의외로 이러한 상사는 잘 맞춰주기만 하면 쉽게 설득할 수 있다. 가급적 그의 주장에 토를 달지 않고 인정해주면서 일을 추진하면 일하기도 쉽다.

조직 강조하는 우호형

조직과 집단, 특히 타인과의 관계에 관심이 많은 유형이다. 관계의 확장보다 기존의 관계를 더 중요시하는 유형이기도 하다. 이런 상사가 회식을 하자고 할 때 자주 빠지면 눈 밖에 나기 십상이므로 조심해야 한다. 조직원들 사이의 융화를 가장 중요한 요소라고 생각하기 때문이다. 다만, 주말에 등산을 가자거나 회식을 자주 하자고 해서 집단행동을 꺼리는 젊은 직원들에게는 기피 대상 1호가 되기도 한다.

이러한 상사를 설득하려면 그와 긴밀한 관계를 유지해야 한다. 그가 진행하고자 하는 일에 적극 찬성하고 참여하는 모습을 보여줘야 한다. 그래야 내가 설득하고자 하는 내용도 쉽게 받아들여질 것이다.

자기주장 강한 성취형

사람과의 관계보다 일을 중시하고 자신의 감정을 잘 드러내지 않는 상사다. 비위를 맞추기보다는 일의 성과를 직접적으로 보여줘야 그로부터 신뢰를 얻을 수 있다. 이러한 상사는 아무리 열심히 일을 해도 성과가 나타나지 않으면 인정해주지 않는다. 이성적이고 냉철한 사고력과 판단력을 갖추고 있어 실력을 갖춘 인재들이 선호하는 상사 유형이기도 하다.

이러한 상사는 경쟁 관계를 제시하면 효과적으로 설득할 수 있다. 무엇보다 실력으로 자신을 보여주는 것이 중요하다.

세세한 부분까지 체크하는 분석형

이런 상사를 만나면 자료 작성 시 신경을 많이 써야 한다. 사소한 실수나 오류가 문서 전체에 대한 신뢰성에 치명적 영향을 미칠 수 있기 때문이다. 오탈자 몇 개가 있다고 해서 내가 설득하고자 하는 내용이나 논리에 문제가 생기는 것도 아닌데, 전체 내용이 잘못된 것처럼 이야기하는 상사이다. 회사에서 연륜이 좀 있는 상사들에게서 자주 찾아볼 수 있는 유형이다.

이러한 상사에게 보고할 때는 작은 실수로 인해 설득에 실패하지 않도록 치밀하게 준비해야 한다.

유능한 상사는
'제대로' 지시한다

갓 직장 생활을 시작한 무렵, 나는 동료들과 상사 험담을 자주 했다. 술 한잔하면서 상사에게 쌓인 울분을 토해내는 스트레스 해소법이었던 것이다. 그때 우리가 이야기한 내용 중 하나는 상사들의 업무 행태를 전혀 이해하지 못하겠다는 것이었다. 정확하지 않거나, 이리저리 변하거나, 도통 이해하기 어려운 지시 사항 말이다. 거기다 상사의 지시 사항에 따라 이리 바뀌고 저리 바뀌던 일이 원점으로 돌아가는 일도 잦았다.

몇 날 며칠을 고생하며 열심히 보고서를 작성했던 적이 있다. 상사의 지시 사항을 근간으로 내 생각을 담아 제출한 문서였다. 그러나 보고서는 상사의 난도질을 당한 채 돌아왔고 내 의견도 묵살됐다. 내 기획 방향이 마음에 들지 않는다는 이유로 대대적인 수정 대상이 된 것이다. 이런 일이 반복되자 나는 점점 상사의 지시만 기다리는 로봇이 되어갔다.

한번은 팀장에게 이러한 불만을 내비친 적이 있다.

"이번 문서는 어떤 방향으로 작성해야 할까요?"
"일단 알아서 해와. 그럼 내가 검토해줄게."
"막막해서 그러는데, 어떻게 작성할지 좀 설명해주시면
안 되나요?"
"그걸 알면 내가 작성하지!"

리더는 올바른 지시를 해야 한다. 그렇기 때문에 강력한 권한과 높은 연봉을 받는 것이다. 단순히 아랫사람들의 업무를 검토하는 게 전부가 아니다. 지적 대신 방향을 제시해주어야 한다.

필요한 경우 권한도 위임해야 한다. 리더가 세세한 내용까지 모두 챙기는 것은 효율적이지 못하다. 세부적인 요소도 분명 검토할 사안이지만 담당자에게 맡겨야 한다. 왜냐하면 그것을 담당하고 고민해온 실무자만큼 내용을 잘 알고 있는 사람도 없기 때문이다.

문서의 세세한 부분까지 신경을 쓰다 보면 리더는 큰 방향을 보지 못한다. 숲을 관망하듯 전체를 보는 관점에서 업무를 이끌어야지 나무 하나하나를 신경 써서는 안 된다. 세부적인 것은 과감하게 권한을 위임해야 한다. 그래야 일하는 사람도 신이 난다. 하나하나 승인받으면서 일하는데 어떻게 창의력이 발휘되겠는가? 이런 상황이라면 자신의 역량을 펼치기보다 상사의 눈치를 보며 그가 원하는 대로만 하려고 할 것이다. 리더가 부하 직원을 수동적으로 만들어 놓고 알아서 일하지 않는다고 지적하면 이것이야말로 어불성설이다.

직원들이 창의성을 발휘하고 이것이 조직의 성과로 이어지도록 하려면 다음과 같아야 한다.

지시 사항은 일관성 있게

지시 사항이 자주 바뀌면 안 된다. 사람이 하는 일인지라 방향이 달라질 수는 있다. 그러나 변경이 잦거나 특별한 이유 없이 바뀌면 일하는 사람들이 혼란에 빠진다. 특히 기분에 따라 지시 방향을 바꾸는 것은 지양해야 한다.

변경해야 할 때는 담당자에게 타당성을 충분히 설명하고 앞선 지시 방향이 잘못되었음을 인정해야 한다. 그러면 일을 수행하는 직원들도 이해하고 빠르게 방향을 선회할 것이다.

이유 없이 이랬다저랬다 하면서 직원들을 허탈하게 하거나 심지어 내가 언제 그런 지시를 했냐고 시치미를 떼는 상사 밑에서 창의성과 생산성을 발휘할 직원은 없다. 최후에는 입력값이 없으면 움직이지는 않는 로봇 같은 직원으로 전락하게 된다.

의사결정은 정확하게

리더의 의사결정은 신중하고 정확해야 한다. 조직은 리더의 의사결정에 따라 흥망성쇠가 좌우되는 곳이기 때문이다. 필요한 경우에는 의사결정 지원 조직을 만들어 그들의 의견을 참조하며 최종 결정을 해야 한다.

우리나라 대기업들의 역사를 보면 리더의 탁월한 의사결정으로 조직과 국가가 발전한 사례를 다수 찾아볼 수 있다. 삼성의 반도체 산업과 정주영 회장의 조선산업 진출이 대표적인 예다. 그때는 기업 총수의 동물적 감각에 의지해 중요한 의사결정이 이뤄졌다. 남들이 말리는 신규 시장 진출도 리더의 뚝심으로 밀어붙인 것이다. 게다가 당시는 국가 지원과 산업 발전 등 외부 환경이 성공의 밑받침이 됐다.

그러나 이제 이런 독단적인 의사결정은 지양해야 한다. 정확한 데이터와 경험을 기반으로 의사결정이 이루어져야 한다. 그 결정이 틀렸을 때는 대화를 통해 과감히 수정할 수 있는 리더가 되어야 한다.

마지막으로 리더는 자신이 결정한 것은 끝까지 책임져야 한다. 한비자가 제시한 리더십의 7가지 요결 중 마지막은, '리더는 마지막까지 책임을 진다'라고 돼 있다. 자신이 결정한 내용에 대해서는 끝까지 책임을 져야지 회피하거나 남의 탓으로 돌리면 안 된다는 것이다. 자신의 결정에 따른 결과가 잘못되면 부하직원 탓으로 돌리는 리더는 과감히 권한과 혜택을 내려놓고 그 자리에서 내려와야 한다.

리더십은 겸손한 자세에서 나온다

상사들이 자주 하는 이야기 중 '나 때는 말이야'라는 말이 있다. 그런데 이 말은 한번 곱씹어 볼 필요가 있다. 그가 예전에 했던 것이 과연 잘한 일이었을까?

과거를 미화하려는 심리를 '므두셀라 증후군'이라고 한다. 나쁜 기억은 지우고 좋은 기억만 떠올리고 싶어 하는 편향적 심리이다. 구약성서에 나오는 므두셀라는 969살까지 살았던 인물인데, 나이가 들수록 과거의 좋은 기억만 떠올리고 싶어 한 데서 이 증후군이 유래했다고 한다.

리더도 분명 자신이 수행한 일 중 잘못한 것이 있을 텐데 그런 것들까지 모두 좋았다고 하는 경향이 있다. 나도 한때는 실수가 많았다는 것을 인정하고 겸손하고 너그러운 태도를 유지해야 한다.

성과를 위해 조직을 항상 긴장으로 몰아넣는 리더를 볼 수 있다. 항상 꾸짖고 혼내야 말을 잘 듣고 조직이 잘 돌아간다고 착각하는 것이다. 그러나 직원들은 말을 듣는 척할 뿐 진정으로 따르는 것이 아니다. 따라서 따뜻함과 인자함으로 조직원들을 이끌어 가는 모습을 보여주어야 상사를 따르고 열심히 일할 것이다.

칭찬을 아끼지 마라

리더는 담당자의 노고에 고마움을 표시하고 잘한 부분은 칭찬을 아끼지 말아야 한다. 직원들을 칭찬하기보다 잘못된 부분부터 지적하고 고쳐주려 드는 태도는 버려야 한다.

회의를 하다 보면 자신의 존재를 드러내기 위해 충분히 고민하지 않은 내용을 발언하는 경우를 흔히 볼 수 있다. 깊은 고민 없이 단지 회의에서 존재감을 드러내기 위해 발언하는 것이다. 조용히 앉아있기만 하면 남들이 나를 무능력한 사람으로 볼까봐 툭툭 던지는 말이다. 그러나 그들은 잘못된 부분을 지적하기만 할 뿐 어떻게 고치면 좋을지에 대해서는 제대로 보여주지 못한다.

회의에서 조용히 앉아있는 건 괜찮다. 그리고 잘한 부분은 충분히 칭찬하는 것이 좋다. 리뷰 회의라고 해서 무조건 잘못된 부분을 들춰내는 자리가 아니기 때문이다. 부하 직원이 며칠을 고민한 결과에 박수를 쳐줄 수 있어야 한다. 그리고 대안을 갖고 해결책을 제시해 주어야 한다. 그래야 직원들도 일할 맛이 나고 상사도 회의에서 더욱 빛나게 된다.

실수는
재발 방지가 관건이다

일을 하면서 누구나 실수할 수 있다. 또한 업무가 계획대로 되지 않고 엉뚱한 방향으로 진행되는 경우도 겪게 된다. 이럴 때 대처를 잘해야 유능한 직장인이 될 수 있다.

일본 마쓰시타 전기산업의 창업주이자 경영의 신이라 불린 시타 고노스케는 이렇게 말하기도 했다.

"간혹 실수를 하는 것은 질책의 대상이 될 수 없다. 다만 실수를 처리하는 태도를 보면 그가 어떤 사람인지 정확히 알 수 있다."

상사는 실수를 저지르고 변명하는 대신 문제를 잘 처리하는 직원을 좋아한다. 문제가 발생하면 우선 대응 방안을 모색해야 한다.

필자가 해외사업 입찰에 참여했던 경험을 이야기해 보려 한다. 해외사업은 엄청난 제출서류 목록과 까다로운 규정 때문에 항상 골머리를 앓게 된다. 한번은 철저히 준비한다고 했는데도 서류에 문제가 생겼다. 마감이 임박한데 입찰 서류에서 치명적인 오류가 발견된 것이다. 서류에 하자가 있으면 입찰 참가가 제한될 수 있는 아주 급박한 상황이었다. 당연히 상사의 불호령이 떨어졌다.

"이 서류, 누가 준비한 거야? 빨리 확인해 봐."
"어쩌다 이런 실수를 한 거지? 원인 파악해서 보고해."
"책임은 누가 질 거야?"

문제 해결보다는 책임 추궁하기 급급했던 것이다. 급한 것은 해결인데 말이다. 원인 파악은 나중이다. 문제가 생겼을 때 빨리 대응 방안을 마련하는 문제 해결 지향적 마인드가 필요하다.

그러면, 실수로 문제가 생겼을 때 어떻게 대처해야 할까?

깔끔하게 인정하라

흔히 실수에 대해 변명하는 경우가 많다. 자신은 억울하며 어쩔 수 없었다는 것을 항변하는 것이다. 그러나 변명은 문제 해결에 도움이 되지 않는다. 자신의 입장을 제시하는 것은 좋으나 변명을 한다고 실수가 없어지진 않는다. 좀 억울하더라도 일단 실수를 인정하고 해결 방안을 모색해야 한다. 나중에 문제가 해결된 시점에 자신의 억울한 부분을 이야기해도 된다.

실수를 저지르고 책임을 면치 못할 상황이 되더라도 빨리 자신의 잘못을 인정하는 것이 최선의 방법이다. 스스로 질책하는 것이 타인에게 욕을 먹는 것보다는 훨씬 낫다. 상사가 발견하기 전에 내가 미리 실수를 인정하고 보고하면 대부분의 경우 관대한 용서를 받을 수 있다.

빨리 상사에게 알려라

실수를 저지르면 상사에게 질책을 받을까봐 전전긍긍하며 숨기는 경우가 많다. 자신이 어떻게든 해결해 보려고 하지만 쉽지 않은 일이다. 자신이 판단할 때 상사가 해결 방안을 제시해 주지 못할 것 같아도 문제가 발생하면 즉시 그 사실을 알려야 한다.

상사도 자신의 팀에서 발생한 문제이기 때문에 자신도 피해를 입을 것이라는 걸 잘 알고 있다. 따라서 문제 해결에 적극 개입할 것이다. 혼자 해결하려 하기보다 상사의 경험과 채널을 통한 해결이 더 쉬울 수 있다. 상처에서 고름을 짜내는 아픔은 있겠지만 그 방법이 향후 더 큰 병으로 번지는 것을 막을 수 있다.

자신이 해결할 수 없음을 직감했을 때는 즉시 알려라. 상사에게는 좋은 일보다 나쁜 일을 더 빨리 알리는 것이 진리다.

실수에 대한 체크리스트를 작성하라

실수를 하면 다음부터는 재발되지 않도록 해야 한다. 똑같은 실수가 반복되는 상황을 자주 보게 되는데, 그 이유는 리스크 즉 실수에 대해 체계적으로 관리하지 않아서이다. 발생 가능성 있는 리스크는 지속적으로 관리하고 모니터링해야 한다.

이를 위해 실수한 내용에 대한 교훈을 정리해서 문서로 보관해 놓고 이 실수를 방지하기 위한 체크리스트로 활용해야 한다. 사전에 체크해야 할 요소가 무엇인지 만들어 놓으면 재발 방지에 큰 도움이 된다.

인간은 망각의 동물이라 처음 실수했을 때는 아프지만 곧 잊어버리고 만다. 따라서 문서로 관리해야 실수를 상기하고 재발을 막을 수 있다.

실수 내용과 해결 방안을 공유하라

어떤 실수는 나에 이어 동료가 또다시 겪을지도 모른다. 따라서 실수에 대한 대응 방안을 문서로 정리해서 공유해야 한다. 실수를 공개하면 다른 사람이 자신을 평가 절하할 것으로 생각하기 쉽지만 전혀 그렇지 않다. 오히려 유사한 문제가 발생하면 문제를 먼저 경험하고 해결했던 사람을 찾을 것이고, 그러면 경험자가 유능한 전문가로서 자리매김할 수 있다.

부당대우,
그냥 참지 않는다

●
●
●
●
●
●

김 과장의 상사 중 한 분은 유독 그를 힘들게 했다. 그의 능력이 떨어지거나 수행 태도가 나쁜 것도 아닌데 상사는 김 과장을 몹시 못마땅하게 여긴 것이다. 그때는 몰랐다. 상사에게 학벌 콤플렉스가 있다는 것을.

상사는 지방 대학교를 나왔지만 능력을 인정받고 승승장구하면서 관리자로 성장했다. 그러나 자신보다 좋은 대학을 나온 사람에게 열등감을 갖고 있었다. 그런 그에게 만만한 상대가 나타났으니 바로 김 과장이었다. 상사는 김 과장이 자신보다 학벌이 낮다고 그를 만만히 본 것이다. 열등감에 사로잡혀 있던 상사에게 김 과장은 좋은 화풀이 대상이었다.

직장에서 강자에게 약하고 약자에게는 강한 사람을 흔히 볼 수 있다. 이것은 인간의 일반적인 습성이지만 도가 지나치는 사람들이 있다. 특히 이런 상사를 만나면 곤혹스럽기 짝이 없다. 그럴 땐 어떻게 대처할까?

나의 약점을 노출하지 말라

누구나 약점이 있다. 하지만 다른 사람이 내 약점을 강조하고 들춰내려 하면 강하게 대응해야 한다. 지속적으로 약한 존재로 비춰지면 상대는 폭력을 행사하는 것에 대한 죄책감이 사라지게 되고 습관적으로 상대방을 괴롭히게 된다. 마치 권투에서 가드를 내리고 공격에 대응하면 쉽게 공격을 못 하지만 가드를 올리고 무조건적으로 그의 공격을 받으면 상대가 지속적으로 공격을 시도하는 것과 마찬가지이다.

처음에는 어렵겠지만 나에게 어떠한 부당한 대우를 취하면 그 내용을 철저하게 분석하고 대응해야 한다. 공격에 대응하지 않고 좋은 게 좋은 것이란 태도로 감내하기만 한다면 끊임없는 공격에 시달리게 될 것이기 때문이다.

만약 상대가 잘못된 정보를 갖고 괴롭히거나 소문을 퍼뜨린다면 가짜뉴스에 대해 정확히 해명해야 한다.

『한비자』「내저설」편에는 '삼인성호三人成虎'라는 말이 나온다. 세 사람이 호랑이를 만든다는 뜻이다. 즉 거짓된 말도 여러 번 되풀이하면 사람들이 진짜로 인식한다는 것이다. 잘못된 소문은 빨리 찾아내어 고쳐줘야 한다. 그렇지 않으면 거짓 정보가 진실로 둔갑해 나를 괴롭힐 것이다.

명백한 중상모략에 대해 일고의 가치도 없다며 전혀 상대하지 않는 사람도 있다. 그러나 이것은 올바른 태도가 아니다. 처음에는 믿지 않던 사람들도 잘못을 고치지 않으면 이내 진실로 믿어버리기 때문이다. 철저히 사실과 논리에 기반하여 잘못된 정보를 수정하는 노력이 필요하다.

직접 대화하라

나에게 부당한 대우를 하는 상대가 있으면 그와 직접 이야기를 나눠보라. 무작정 따지듯 대화 좀 하자고 하면 상대방은 쉽게 응하지 않을 것이다. 그러나 상대방에게 조언을 구한다고 하면서 대화를 신청하면 나를 미워하던 상대도 경계심을 늦추고 접근을 허락할 것이다.

이야기를 나눌 때 그를 칭찬하면서 치켜세워라. 어떤 부분에 대해 감사하고 존경하고 있었다고 말하면 나에 대한 거부감을 누그러트리고 이야기할 준비를 할 것이다. 분위기가 어느 정도 조성되면, 고민이 있다고 말하면서 그의 부당대우에 대해 조심스럽게 꺼내라. 내 잘못이 많은 것 같은데 어떤 부분이 잘못되었는지 알고 싶다고 이야기를 시작하는 것이 좋겠다.

그의 반응을 보면서 절대 흥분하지 말고 이야기하라. 언성을 높이거나 흥분하는 모습을 보이면 안 된다. 이야기를 하다 감정이 고조되면 잠시 자리를 피하는 것도 방법이다. 평온한 상태가 되면, 본격적으로 자신이 당하고 있던 부당대우에 대해 중단해 줄 것을 정중히 요청하라. 단호하고 간결하게. 상대가 자신은 그런 의도가 아니었으며 내가 오해한 것이라고 이야기하면, 그래도 그러한 행동은 좀 자제해 줄 것을 다시 한 번 강하게 전달하라.

'더러워서 피한다'는 태도는 금물

부당한 처우를 받아주기만 한다면 상대는 자신의 행동에는 아무 문제가 없다고 생각하고 지속할 것이다. 부당대우를 당하고만 있는 것은 마치 매 맞는 아내 신드롬과도 같은 게 아닐까 싶다. 처음 폭력을 휘둘렀을 때 다시는 그런 일이 일어나지 않도록 강력하게 대처했다면 좀처럼 그런 일이 반복되지 않을 것이다.

직장에서도 마찬가지이다. 조직 내에서 부당대우를 당할 때 확실한 반응을 보여주어야 한다. 단, 흥분하지 말고 논리적이고 강한 어조로 대응해야 한다. 어설픈 반응은 오히려 더 강한 반격을 불러올 수 있기 때문이다.

그래도 개선되지 않으면 상부 조직이나 외부 기관에 협조를 구해야 한다. 요즘 직장 내 갑질 문화가 속속 밝혀지고 있다. 그 사건들을 보면 '어떻게 요즘 같은 세상에 저런 행동을 하지?'라는 생각이 들 정도이다.

좋은 게 좋은 것이 아니라 옳은 것이 좋은 것이다. 부당한 대우는 강하게 대응해야 한다. 그렇다고 모든 일에 까칠하게 대응하면 직장생활이 힘들어질 수 있다. 누가 보아도 부당한지에 대해 면밀하게 분석하고 행동해야 한다.

사내 소문,
어디까지 알아야 할까

올해 임원 인사에서 김 부장이 상무로 진급한다는 소문이 나돌았다. 김 부장이 사업부 상무가 되면 직원들에게도 큰 영향을 미치지 않을 수 없다. 사업부장은 인사권을 행사할 수 있는 막강한 자리이기 때문이다.

그런데 소문에 깜깜한 김 과장은 여느 때와 다름없이 김 부장과 입씨름을 하고 있다. 오늘은 김 부장의 콤플렉스를 건드리는 실수까지 저질렀다. 미리 소문을 알고 있었다면 자신의 신상에 영향을 미칠 수 있는 이런 실수는 피할 수 있었을 텐데도.

직장 안에 도는 소문에 대해 무심한 사람들이 있다. 소위 '뒷북치는' 부류이다. 이렇게 회사 내 정보에 민감하지 않은 사람들은 정보가 나에게 영향을 미칠 수 있다는 사실을 알아야 한다. 또한 정보를 늦게 알아차리는 사람들은 직장 내 자신의 위치를 점검할 필요가 있다. 추후 회사가 어려워져 구조조정을 감행할 때 이러 분류가 위험군에 속할 수 있기 때문이다.

물론 시시콜콜한 이야기까지 섭렵할 필요는 없지만 나의 신상에 영향을 줄 수 있는 정보는 항상 입수하고 있어야 한다. 그래야 대처가 가능하기 때문이다. 항상 늦게 움직이는 사람은 타인보다 경쟁력이 떨어질 수 있다.

백번 부러질지언정 휘어지지 않는다는 뜻의 '백절불요百折不撓'라는 말처럼, 나의 뜻대로만 나아가고 다른 것은 신경 쓰지 않는다는 사람도 있다. 절대 윗사람에게 아부하지 않겠다는 것이다. 자기 할 일은 제대로 하지 않으면서 윗사람의 비위만 맞추려는 행동도 문제지만, 타인을 전혀 신경 쓰지 않고 내 생각대로만 행동하는 것 역시 조직 안에서는 위험한 행동 방식이다.

다음과 같은 사람들이 타인과 외부 정보에 신경 쓰지 않는 부류이다.

말을 함부로 하는 사람

자신이 하고자 하는 대로만 일하고 타인과의 의견 조율에는 무감각한 사람이 있다. 역량이 뛰어나고 입지가 강할 때는 이런 태도가 진취적이고 유능한 모습으로 평가되지만, 그렇지 않다면 위험한 행동이다. 타인을 무시하는 행동은 상대방에게 상처를 줄 수 있다는 점을 알아야 한다.

예전에는 회사의 발전과 조직을 위한다는 명목으로 개인의 인격과 의사를 무시하고 폭언을 묵인하는 경우도 많았지만 이제는 상황이 많이 변했다. 권력을 이용해 타인을 괴롭히는 행동은 철저히 배격해야 할 적폐로 규정되고 있다.

회사나 상사의 방향과 정반대로 가는 사람

회사는 나름의 비전과 미션에 따라 방향성을 갖고 운영된다. 그런데 이 기업 운영 방침은 기업 대표나 주변 환경 등에 따라 지속적으로 변하기 마련이다. 따라서 기업 구성원은 항상 기업의 방침과 대표의 운영 방향을 잘 숙지하고 동화될 수 있어야 한다.

회사의 정치적 이슈에 너무 민감하여 부화뇌동할 필요는 없다. 그러나 주위 정보는 항상 예의 주시해야 한다. 우리가 항상 일기예보에 귀를 기울이는 것은 기후 변화에 따라 대처 방안이 달라지기 때문이다. 마찬가지로 회사의 정보에는 귀 닫고 그냥 우직하게 일만 한다는 것은, 비가 온다고 하는데도 우산 없이 출근길에 오르는 것과 같다. 물론 도착하기야 하겠지만 비를 많이 맞아 감기에 걸릴 수 있다는 점을 기억해야 한다.

Part 3
인정받는 직원들의
실전 기술

선택과 집중이 중요하다

시간과 자원은 한정돼 있기 때문에 이를 잘 관리하기 위해서는 선택과 집중이라는 개념을 염두에 두어야 한다. 직장에서도 효율적 관리를 위한 선택과 집중이 중요하다. 특히 리더나 경영자는 더욱 이 부분에 신경 써야 한다.

정부 사업 10개 부문에 입찰을 준비하는 기업이 있다고 하자. 이 기업은 입찰 전략을 어떻게 수립할까. 단순히 서류만 준비해서 입찰에 참여할 수 있다면 별 문제가 없겠지만, 각 입찰마다 다양한 요구사항에 대한 상세 제안서를 제출하고 경쟁하는 입장이라면? 당연히 경쟁에서 이기기 위해 차별화된 제안서를 제출하려 할 것이다. 그런데 제안서를 작성할 인력은 한정적이다. 이때 리더는 선택의 기로에 서게 된다.

대안1 현재 인력으로 10개 사업 제안서를 모두 작성하여 제출한다.

대안 2 수주 가능성 높은 2개 사업에 대해서만 차별화된 제
안서를 제출한다.

일반적인 확률 계산으로는 '대안 1'의 경우가 수주 확률이
높을 것으로 판단된다. 10개 사업 중 1개 선정되는 것이 2개 중
하나 수주할 확률보다는 높기 때문이다. 그러나 실제 산업 현장
에서는 그렇지 않다. 여러 가지 환경적 변수가 있겠지만, 경험적
으로 '대안 2'가 수주 확률이 높다.

입찰 경험상 '대안 1'이 수주가 더 잘 되는 때도 있다. 사업
리스크가 존재하는 경우이다. 수주한 업체는 철저한 사업 분석
없이 덜컥 수주한 것인 반면, 경쟁사는 철저한 분석을 통해 리
스크를 파악하고 입찰을 꺼린 것이다. 따라서 사업을 진행하다
보면 리스크가 이슈로 변해 필연적으로 적자를 경험하게 된다.
결과적으로 수주를 하지 않는 편이 회사의 이익적 측면에서는
더 낫다고 볼 수 있다.

직장에서 리더는 의사결정을 해야 할 때가 많다. 이럴 때 조
직이 잘할 수 있고 장기적 관점에서 더 큰 이익을 가져올 것을
선택해야 한다.

우리 삶에서도 선택과 집중이 중요하다. 나의 역량을 개발
하고 브랜드화하는 것도 선택과 집중의 문제다. 역량을 키울 때

여기저기 기웃거리지 말고, 가장 잘할 수 있는 분야를 선택하고 집중함으로써 전문가의 반열에 오를 수 있다.

요즘은 인터넷의 정보 공유로 얕은 지식과 경험은 그리 가치가 없다. 대신 특정 분야에 대한 경험과 통찰력을 갖춘 깊이 있는 전문적 지식이 필요하다. 잡학 다식형 인재보다 한 분야에서 전문가로서 혜안을 제시하고 정보를 제공할 수 있는 사람이 되어야 한다.

4차 산업혁명 시대는 융합과 창의성이 요구되는 시대이다. 한 우물을 파는 심정으로 역량을 집중 개발해야 한다. 그러고 나서 여러 깊이 있는 지식을 연결해 활용하는 지혜가 필요하다.

항상 바쁘다고 말하기 전에

항상 바쁘다는 말을 입에 달고 사는 사람들이 있다. 이들은 누가 무엇을 요청해도 자기는 바빠서 못한다고만 한다. 그런데 그들의 업무 행태를 자세히 살펴보면 그렇게 바쁠 수밖에 없는 이유를 찾을 수 있다. 바쁜 사람이 일을 열심히 하는 것은 아니라는 말이다.

김 차장은 항상 무엇인가를 열심히 하지만 성과는 좀처럼 나오지 않는다. 동료들과 잡담하거나 커피를 마시거나 담배 피우는데 시간을 많이 빼앗겨 정작 일하는 시간은 얼마 되지 않기 때문이다.

직장인의 시간은 잘 관리해야 하는 아주 귀중한 자산이다. 최근까지만 해도 회사에서는 늦게까지 일하는 직원을 선호했다. 성실성을 인정해주는 분위기였다. 그도 그럴 것이 성과보다는 팀워크를 중시했으며 오랫동안 회사에 머물면서 일을 하니까 어쨌든 회사로서는 이득이었던 것이다.

그러나 이제는 회사가 직원들의 근무 시간을 철저히 관리하는 시대가 됐다. 직원의 업무 시간은 곧 비용으로 연결되기 때문이다. 법적으로 일정 근무 시간을 초과해서는 안 되며 초과 근무에 대해서는 철저한 보상을 해야 한다. 업무 성과를 관리하는 시대로 접어드는 것이다. 따라서 직원 개개인은 자신의 업무 시간을 철저하게 관리해서 효율적으로 업무를 수행하는 성과 지향적 마인드를 가져야 한다.

그럼, 업무 시간을 효율적으로 관리하는 방법은 무엇일까?

To-Do 리스트를 작성하고 관리하라

월간, 주간, 일간 'To-Do 리스트'를 작성해야 한다. 할 일에 대해 통제하고 체크하는 것이다. 요즘은 다양한 앱이나 프로그램이 나와 있어서 업무 리스트를 관리하는데 아주 유용하다. 정확히 무엇을 해야 할지 적고 그 업무에 대한 수행 여부를 관리하면 된다.

하루를 마무리하는 시점에 '오늘 엄청 바빴는데, 내가 뭘 했지? 완료된 업무가 하나도 없네'라고 생각된다면, 할 일을 정확히 정하지 않고 닥치는 대로 처리했기 때문에 업무가 제대로 관리되지 않은 것이다. 따라서 출근하면 먼저 할 일이 무엇인지를 정확히 정하고, 이를 어떻게 수행할지 체크해야 한다.

업무 리스트 작성 방법은 월초에는 그 달에 할 일을 정리하고, 금요일에는 다음 주에 할 일을 작성하는 것이다. 그리고 매일 아침 할 일을 정리하고 일을 시작하라.

그 다음 우선순위를 정한다. 중요하고 급한 업무를 우선순위에 둔다. 이후, 각 업무의 소요 시간을 예상해 수행 범위를 정한다. 그래야 어떻게 시간을 배분하고 업무를 처리할 수 있는지 파악되기 때문이다. 그런 다음부터는 각 항목들을 하나씩 처리하는 것이다.

완료된 것은 완료 여부를 체크하고 다음 업무를 진행하면 된다. 집중해서 몇 시간 내에 처리해야 할 업무가 있으면 타이머를 활용하는 것도 좋다. 집중력도 향상되고 시간 관리도 수월하기 때문이다. 항목 중 수행이 미진한 부분은 언제까지 어떻게 처리할지 확인하고 그 다음 To-Do 리스트로 넘겨 관리하면 된다.

개인 용무는 최대한 지양하라

스웨덴 룬드대 롤란드 폴센 교수는 근무 시간 중 딴짓하는 것을 '공허노동empty labor'이라고 했다. 그가 스웨덴 근로자들을 대상으로 조사한 바에 따르면 직장인은 하루 평균 2시간 정도를 개인 여가 활동에 사용한다고 한다. 인터넷 서핑이나 메신저로 잡담하는 시간이다.

한국에서도 직장인을 대상으로 조사한 결과, 하루 평균 59분 21초를 개인적인 일에 사용한다고 한다. 주로 메신저나 스마트폰 이용, 뉴스 검색, 인터넷 쇼핑, 잡담 등이 공허 노동으로 나타났다.

업무 시간에 개인적인 용도로 인터넷을 활용한다거나 인터넷 쇼핑 등을 하는 것은 지양해야 한다. 사소한 개인 용무로 장시간 전화 통화를 하는 것도 관리 대상이다.

요즘은 흡연자들에 대한 시선이 곱지 않다. 타인에게 불쾌감을 주기도 하지만 흡연을 위해 시도 때도 없이 자리를 비우는 것은 업무 성과에 영향을 미치기 때문이다. 회사에서는 열심히 일하고 정해진 시간에 떳떳하게 퇴근하는 문화를 정착시켜야 한다.

고민을 공유하라

일이 잘 풀리지 않을 때 열심히 고민만 하는 경우가 있다. 상사가 진행 상황을 물어보면 '지금 하고 있다'는 말만 되풀이하고 그 어떤 결과물도 보여주지 못한다.

그러나 고민은 혼자만 안고 있으면 발전이 없다. 고민을 공유해야 한다. 그래야 자신이 원하는 것이 점점 보이기 시작한다. 그러려면 나의 고민 내용을 산출물로 도출해내고 그것으로부터 해결책을 찾아가야 한다. 원석을 이리저리 깎으며 아름다운 보석을 만들어내는 것처럼 뭐라도 자꾸 만들어 내고 내용을 지속적으로 연마해 원하는 형태의 옥을 만들어야 한다.

기업은 성과를 만들어내야 하는 곳이다. 따라서 개인의 업무 성과도 철저히 관리해야 한다. 아마추어가 아닌 프로 정신으로 중무장한 직장인만이 치열한 경쟁에서 살아남을 수 있다.

프로 스포츠 세계에는 자유계약(Free Agent, FA) 제도가 있다. 정해진 계약 기간이 끝나면 다른 팀으로 자유롭게 이적할 수 있는 제도이다. 우리 직장인들에게도 FA 시대가 도래하고 있다. 내가 FA 대상이 될 때 구단들이 서로 지명하려고 할지, 아무도 거들떠보지 않는 선수가 될지 진지하게 성찰해봐야 한다.

보고서 승인받기,
이렇게 하면 쉽다

논문을 작성하고 최종 관문인 논문 심사를 경험해 본 사람은 이 절차가 얼마나 어려운지 절감할 것이다. 심사위원들의 날카로운 공격을 어떻게 방어하느냐에 따라 논문 통과 여부가 결정되기 때문이다.

회사에서도 이러한 절차가 부지기수다. 문서 작성 업무를 많이 하는데, 내가 작성한 문서에 대해 상사의 최종 승인이 떨어져야 그 문서가 빛을 발하게 된다.

특히 컨설팅을 하게 되면 고객에게 최종적으로 제출하는 것이 문서이며 그 품질에 따라 업무 성과를 평가받는다. 문제는 이러한 문서 품질에 대한 명확한 평가 기준이 없다는 것이다. 문서의 정확성, 논리성, 가독성 등 일반적인 척도가 있겠지만 이러한 요인도 문서를 평가하는 개인에 따라 차이가 날 수 있다. 따라서 문서의 품질은 문서를 최종 승인하는 자의 기준에 좌우

된다고 할 수 있다.

그러면 승인을 잘 받기 위한 방법론이 따로 있을까? 그렇다. 상사별로 다양한 변수가 있어서 절대적인 방법론을 도출하기란 쉽지 않지만, 일반적인 내용과 경험을 기반으로 다음과 같은 방법을 제시해볼 수 있다.

결과물을 빨리 보여주라

문서를 작성할 때 한참을 끙끙댈 때가 많다. 작성자는 고민을 하느라 요청자에게 아무 것도 보여주지 못하고, 고객(또는 상사)은 고객대로 작성자가 방향을 제대로 이해하고 작성하고 있는지 몹시 궁금해한다.

시간이 흘러 문서를 검토하기로 한 시점이 되어서야 서로 기대감을 갖고 문서를 접한다. 작성자는 고객이 원하는 문서를 작성했노라며 스스로 만족감에 젖어 있을 것이고, 고객도 자기가 원하는 것이 반영됐을지 기대할 것이다.

그러나 기대가 크면 실망도 큰 법. 지금까지 한 번도 진행 상황을 확인하지 못했던 고객은 문서 내용이 자신의 예상과 전혀 다른 것에 큰 실망을 하게 된다. 반면 작성자는 이런 고객의 모습을 보고 자신의 노력을 인정해주지 않는다며 실망한다.

일의 방향성을 빨리 잡기 위해서는 빠른 시일 내 결과물을 보여주고 상사가 요구하는 바가 맞는지를 확인해야 한다. 방향이 맞다면 그때부터 본격적으로 작업을 수행하면 된다.

지속적으로 경과를 보고하라

문서 작성자는 상사와 지속적으로 눈높이를 맞춰야 한다. 일부 상사는 정확한 방향을 제시하지 못하고 계속해서 요구사항을 바꿀 수 있다. 이것은 자신도 원하는 것이 무엇인지, 구체적으로 어떻게 해야 하는지 정확히 모르기 때문이다.

이를 방지하기 위해 상사에게 지속적으로 진행 상황을 보고해야 한다. 그러면 상사의 의견을 실시간으로 반영할 수 있다는 이점이 있다. 그가 원하는 모습을 지속적으로 제시함으로써 업무 지시자와 실무자 간의 간극을 좁혀야 한다.

상사가 요구사항을 정확하게 제시하지 못하는 경우, 지속적인 커뮤니케이션을 통해 실무자가 제시하고자 하는 바를 각인시켜 그 방향으로 유도하는 것도 방법이다.

상사의 상사까지 설득하라

열심히 작성한 문서를 직속 상사에게 승인받았음에도 불구하고 상사의 위 결재라인에 보고를 하면서 일을 다시 해야 할 때가 있다. 팀장이 그 문서를 갖고 사업부장에게 보고를 하면서

'깨지는' 경우이다.

이를 대비해 보고서 작성자는 위 상사 라인의 특성을 정확히 파악해 그가 원하는 형태로 문서를 작성하고 그러한 방향을 상사와 지속적으로 협의해야 한다. 사실 상사도 자신의 상사에게 결재를 받아내는 것이 목표이기 때문이다.

단순 1차 관문이 아닌 최종 관문을 목표로 문서 작업하는 전략이 필요하다.

나름의 논리로 중무장하라

아무리 급해도 바늘허리에 실 매어 쓰지 못한다고 했다. 시간이 촉박하더라도 정확한 논리를 갖추지 않고 무작정 작성한 글을 상사에게 제시하는 것은 섣부른 전략이라 할 수 있다.

어떠한 논리로 스토리를 전개할지 명확히 설정해야 향후 고객 앞에서 발표할 때 자신감이 생긴다. 이를 위해 우선 정확한 목차와 키워드를 작성하여 자신만의 스토리를 만들고 상사에게 확인받은 다음 문서 작성을 시작해야 한다. 초반부터 의견과 방향을 일치시키는 것이 중요하다.

최초의 결과물에 허점을 보이지 마라

빠른 검토를 받더라도 잊어서는 안 될 것이 있다. 불필요하게 책잡힐 빌미를 주지 않아야 한다는 것이다. 사소한 실수로 인해 본질이 흐려지지 않도록 해야 한다.

필자의 경험이다. 보고서 납기까지는 시간이 많이 남아 있었지만 상사는 그 내용을 빨리 보고 싶어 했다. 아직 내용을 좀 더 채우고 정리할 시간이 필요하다고 사정을 말하자 팀장은 내용은 상관없으니 방향만 확인하면 된다고 했다. 방향이 틀리면 작업이 헛수고가 될 수 있으니 말이다. 일리가 있었다. 그 말만 철석같이 믿고 우선 문서 프레임을 만들고 다른 사업에서 작성했던 내용을 넣어서 보고서 전체 방향을 제시했다.

그러나 팀장과의 검토회의 자리에서, "아니, 왜 이 사업과 전혀 다른 사업명이 적혀 있지?", "이거 오타투성이네. 이런 실수는 안 돼.", "내용이 너무 적은 거 아니야?" 등 지적이 쏟아졌다. 세부 내용은 보지 말자고 해놓고서 최종본인 양 다그치는 것이었다. 그제야 깨달았다. 고객과 상사의 말을 곧이곧대로 믿으면 안 된다는 것을.

문서의 초안, 중간본이라고 해서 형식을 무시한 설익은 것을 제시하면 안 된다. 나는 우선 콘텐츠 중심의 리뷰를 받고 싶었는데 상대방은 형식 미적용에 대해 지적하는 경우가 많다. 우선 눈에 그런 부분이 들어오면 세부 내용에 대한 불신이 생긴다. 초기 결과물이라고 해도 반드시 완성도를 높여야 하는 이유다.

노력의 흔적을 보여라

문서는 정성적定性的 요소로도 평가받을 수 있다는 점을 잊지 마라. 상대방의 심리 상태에 따라 결과물의 품질이 다르게 평가될 수 있다는 것이다. 문서에 노력의 흔적을 최대한 보여줘야 한다. 그래야 결과물의 성과를 높일 수 있다.

자료 하나를 인용하더라도 최신 자료를 제시해야지 몇 년 지난 통계자료를 인용하면 문서에 대한 신뢰도가 떨어질 수 있다. 오래된 데이터를 사용하거나 작성 형식을 오래된 버전으로 사용하면 결과물 전체에 대한 평가에도 영향을 미친다. 문서를 작성할 땐 무엇 하나 소홀함이 없어야 한다.

르네상스를 대표하는 화가인 미켈란젤로는 고집이 세고 자신의 작품에 대한 자부심이 높았던 인물이다. 그가 1508년 교황 율리우스 2세의 명령으로 시스틴 성당 천장화를 그리게 됐다. 어느 날 천장 밑 작업대에서 고개를 젖히고 그림을 그리고 있는 미켈란젤로에게 한 친구가 물었다.

"자네는 왜 잘 보이지도 않는 구석까지 그렇게 정성을 들여 그리나? 그걸 누가 본다고."

그러자 미켈란젤로가 이렇게 대답했다.

"내가 본다네."

문서 포맷, 디자인도 신경 써라

깔끔하고 세련된 느낌의 레이아웃을 제시하면 고객은 그 문서에 대한 좋은 인상을 갖고 내용 하나하나 꼼꼼히 읽어나갈 것이다. 출력물을 제시할 때 흑백보다 컬러로 제출하면 미미하나마 플러스 점수를 받을 수 있을지도 모른다.

디자인도 무기이다. 좀 더 깔끔하고 전문적인 문서 디자인 작업이 필요하다. 내용만 좋으면 된다고 생각하기 쉽지만, 세부적인 내용보다 문서의 전체적인 형태가 먼저 눈에 들어오기 마련이다. 이때 좋은 인상을 주지 못하면 검토자는 문서 내용을 자세히 검토하려 들지 않을 것이다.

상사에게 호감을 주고 읽고 싶어지는 문서로 포장하는 작업도 중요하다는 것을 기억하자.

검토자의 체크포인트를 파악하라

사전에 문서 검토자의 특성을 파악하고 그에게 맞춘 문서를 작성하는 것이 좋다. 내 기준에서 잘된 문서라도 타인의 관점에서는 그렇지 않을 수 있기 때문이다. 어떤 상사는 문서의 흐름을 중시하는 반면, 또 어떤 상사는 오탈자, 폰트 등 세부적인 요소를 중요하게 여긴다. 문서의 논리성, 가독성을 중요한 요소로 꼽는 상사도 있다.

문서를 작성하기에 앞서 고객이나 상사에게 문서 검토를 많이 받아본 사람에게 조언을 구하는 것도 좋은 방법이다. 일부 보수적인 기업에서는 '회장님이 좋아하시는 폰트, 컬러, 형식' 등이 따로 있다고 한다. 그런 사전 정보 없이 내 취향대로만 작성하면, 감점 요소가 될 수 있다.

위에 열거한 방법에 앞서 우리가 해결해야 할 가장 중요한 요소는 사전에 충분한 신뢰를 주는 것이다. 그동안 내가 작성한 문서는 항상 정확하고 올바른 방향을 제시한다는 믿음을 줬다면 이번에도 문서의 품질을 인정받기 쉬울 것이다.

직장인이
꼭 알아야 할 글쓰기 전략

문서 작성이 그처럼 중요하다면 좀 더 세부적인 글쓰기 전략을 알아둘 필요가 있다. 특히 보고서 등은 글로 타인을 설득하는 것이기 때문에 전략적으로 써야 한다.

신언서판身言書判이라는 말이 있다. 중국 당나라 때 관리를 등용하는 기준으로 몸, 말씨, 글씨, 판단력을 들었다는 것이다. 이 네 가지 기준 중 서書는 필적을 일컫는 말이다. 예로부터 글씨에 능하지 않으면 좋은 평가를 받지 못했다. 최근에는 디지털 기기의 발달로 필적 자체를 중요하게 생각하진 않지만, 글을 얼마나 전달력 있게 작성했느냐는 여전히 중요한 능력으로 꼽힌다.

2014년 한국생산성본부KPC가 기업과 공공기관을 대상으로 한 조사에서, 직장인은 하루 일과의 30%를 문서 작성에 보내는 것으로 나타났다. 글쓰기가 업무에서 이렇게 큰 비중을 차지하지만, 정작 직장인들의 글쓰기 능력은 그렇게 뛰어나지 않다. 특히 직장 초년생들이 보고서를 작성할 때 흔하게 저지르는 실수는 다음과 같다. 초년생뿐 아니라 직장생활을 오래 한 사람들도 자주 저지르는 실수이기도 하다.

- 주어와 술어가 호응이 안 되는 비문이 많다.
- 구어체로 작성해서 문장이 정연하지 않다.
- 문장을 복문으로 꼬아 놓아 내용을 이해하기 어렵다.
- 논지를 두괄식이 아닌 미괄식으로 전개해서 핵심이 드러나지 않는다.

시중에 글쓰기 기술을 알려주는 책이 많지만, 이보다 더 간략하게 직장인들이 글쓰기 업무를 할 때 꼭 지켜야 할 원칙 몇 가지를 소개해보겠다.

명확한 스토리라인이 필요하다

자신이 전달하거나 설득하고자 하는 내용을 작성할 때, 전체적인 스토리가 있는지 확인해야 한다. 글은 첫 문장부터 마지막 문장까지 일관된 논지를 담고 있어야 한다. 전체적인 흐름이 드러나지 않으면 작성자가 이야기하고자 하는 바를 정확히 파악하기 어렵다. 따라서 글을 작성하기 앞서 전체적인 스토리 구조를 명확히 해야 한다.

두괄식으로 작성하라

글을 두괄식으로 구성하면 읽는 사람이 핵심을 쉽게 이해할 수 있다. 두괄은 '머리 두頭', '묶을 괄括'이라는 말 그대로 머리에 내용을 묶어 둔다는 말이다. 말하고자 하는 핵심 내용을 첫 문장으로 쓰는 방법이다. 이와 반대되는 개념이 중요한 내용을 문단 맨 마지막에 위치시키는 미괄식尾括式 구성이다.

글을 읽는 사람은 바쁘다. 빨리 내용을 파악해야 한다. 그런데 중요한 내용이 글 끄트머리에 있으면 상대방이 글을 읽지 않을 수도 있고, 중요성을 제대로 인식하지 못할 수도 있다. 따라서 중요 내용은 글의 앞머리에 위치시켜야 한다. 그래야 중심 내용을 명확하고 빠르게 전달할 수 있다.

짧고 단순한 문장으로

문장은 가급적 짧게 작성해서 이해하기 쉽도록 해야 한다.

필자는 어떤 보고서의 한 문장이 5줄을 넘는 것을 발견하고 아연실색한 경험이 있다. 한참을 읽어도 무슨 내용인지 전혀 이해할 수 없는 문장이었다. 문장은 단문으로 작성해야 읽는 사람에게 혼란을 주지 않는다.

문장은 가급적 2줄 이내로 작성할 것. 짧은 문장은 성의가 없다거나 전문적이지 않다는 선입견을 갖는 사람도 있다. 그러나 의사를 정확하게 전달하기 위해서는 짧은 문장이 효과적이다.

구어체가 아닌 문어체로 작성하라

많이 하는 실수 중 하나가 구어체로 문서를 작성하는 것이다. 구어체는 상대방에게 직접 말하듯이 표현하는 문장이다. 일부 현장감을 살리거나 인용할 때 외에는 공식 문서에서 구어체 남발을 지양해야 한다.

구어체 대신 격식을 차려 글에서 주로 쓰는 문어체로 바꾸어야 한다. 예를 들어 "나는 이 업무를 안 할 것입니다."라는 문장을 "저는 이 업무를 이행할 의사가 없습니다."로 바꾸면 좋겠다.

주술 호응을 지켜라

한국어는 주어를 생략하는 경우가 많은데 그래도 주어와 술어는 반드시 호응시켜야 한다.

예를 들어 "가족 식사를 했던 식당은 정원의 정취를 느낄 수 있어서 참 좋았던 식당이었다."라는 문장을 보자. 주어인 '식당은'과 서술어인 '식당이었다'는 같은 단어가 반복돼 어색하다. 이 문장을 "가족 식사를 했던 식당은 정원의 정취를 느낄 수 있어서 참 좋았다."로 바꾸면 주어 '식당은'과 서술어 '좋았다'가 잘 어울린다.

"그들의 생각은 이번 여행은 반드시 가야 한다는 생각을 갖고 있다." 이 문장은 주어 '생각은'과 서술어 '생각을 갖고 있다'의 호응이 매끄럽지 않다. 이 문장은 "그들은 이번 여행을 반드시 가야 한다는 생각을 갖고 있다."로 바꾸면 자연스럽다.

접속어를 남발하지 마라

불필요한 접속어는 과감히 삭제해야 한다. '그러나', '그러므로', '그래서' 등 접속어가 많으면 글이 깔끔하지 않고 이해하는 데도 불편하다.

자신이 쓴 문장에서 접속사를 다 삭제해보라. 그리고 글을 천천히 읽어보라. 신기하게도 문장이 자연스럽게 연결되는 것을 알 수 있다. 이렇게 문장에서 접속어 다이어트를 해보라. 그래도 접속사가 필요한 경우에만 사용하면 된다.

선녀의 옷에는 바느질한 자리가 없다는 '천의무봉天衣無縫'이란 말이 있다. 또한 문학평론가 이어령 선생은 '기량이 있는 상목수는 못질을 하지 않는다.'고 말했다. 불필요한 접속사로 좋은 문장을 망치지 말아야 한다.

오탈자는 충분히 검토하라

글을 마무리하기 앞서 오탈자를 꼼꼼하게 점검하는 것은 글쓰기의 기본이다. 문서 작성자도 오탈자를 검토해야 하지만 가급적 타인이 검토하는 것이 더욱 효과적이다. 자기가 작성한 글의 오류는 좀처럼 보이지 않기 때문이다.

오탈자는 사소한 실수라고 생각할 수 있지만 별 거 아닌 오탈자가 글 전체에 대한 신뢰를 해칠 수도 있다.

내가 공들여 작성한 작품에 티끌 하나라도 없는지 마지막 순간까지 확인하는 마음가짐이 필요하다. 그것이 자신이 작성한 글에 대한 애착과 자신감이다.

철저한 리뷰를 거치자

자기 글을 스스로 검토하는 것을 넘어 다른 사람이 함께 검토해주면 실수를 더욱 줄일 수 있다. 다만, 이 단계에서 주의할 점은 너무 많은 사람의 검토를 거치지는 말아야 한다는 것이다. 또한 검토자도 잘 선정해야 한다. 글 내용에 대한 배경 지식이나 경험이 전혀 없는 사람을 리뷰에 참여시키는 것은 지양해야 한다. 논지가 흐려질 수 있기 때문이다.

여러 사람이 검토를 하는 상황이라면 작성자는 글 전체 내용이 흔들리지는 않는지 확인하고 수정 여부를 결정한다. 검토 내용을 무작정 반영하는 오류를 피해야 한다.

검토는 여러 번 꼼꼼하게 해야 한다. 문장은 보면 볼수록 더욱 명쾌하고 좋은 문장으로 다듬어진다. 이때 글을 소리 내서 읽으며 수정하는 것도 좋다. 글을 눈으로만 보는 것과 소리 내서 읽어 보는 것은 분명한 차이가 있기 때문이다.

직장생활을 원하는 만큼 오래, 그리고 잘 하려면 우선 직장생활의 기본에 충실해야 한다. 직장이라는 테두리에 들어오면 조직의 규범을 따르는 것이 일반적이다. 만약 그 규범을 따르지 못하고 적응하지 못한다면 조직에 속해 있어서는 안 된다. 잔소리처럼 들릴지 모르지만, 직장인들은 직장 기본 규범을 충실히 따라주어야 한다. 여기서 규범이란 강제적 구속의 의미가 아니라 원만한 조직 운영을 위한 행동 양식이기 때문이다. 만약 이러한 기본마저 지켜지지 않는다면 조직이 제 기능을 하기 어렵다.

직장은 조직이며, 조직 속에서 공통의 규범을 갖고 일할 때 유기적 관계가 형성되고 조직이 살아난다.

고객의 요구사항을 파악하라

일을 하다 보면 고객(또는 상사)의 의견을 이끌어내 정리할 필요가 있다. 고객의 니즈Needs가 무엇인지 정확한 이해 없이 내 주장만 제시하는 것은 옳지 않기 때문이다. 고객의 니즈는 실질적인 요구사항Requirement과 겉으로는 드러나지 않는 관심사Interest로 구분된다고 한다.

실질적인 요구사항이란 고객이 표면적, 대외적으로 요구하는 것을 말한다. 우리는 고객의 실질 요구사항 뿐만 아니라 표면화되지 않은 요구에도 집중해야 한다.

고객의 요구사항을 끄집어내기 위해서는 다음과 같은 전략적 접근이 필요하다.

먼저 고객을 철저히 이해하라

고객의 상황과 현황을 정확히 이해해야 한다. 제3자의 관점에서 그 상황을 파악하는 것이다. 이를 위해 직간접적인 현황

조사가 필요한데, 우선 관련 자료부터 조사한다. 예를 들어 제
안서 작성 시 고객의 요구사항과 현황에 대해 제안 요청서RFP나
관련 정보전략계획 등 산출물을 확인해야 한다. 이를 통해 고객
의 실질적인 요구사항을 파악할 수 있다.

아울러 외부 공개 자료에 나타나지 않은 고객의 관심사도 지
속적으로 파악해야 한다. 이런 문헌 기반 자료를 분석할 때 유
의할 점은, 단순히 문서를 읽어가기만 할 것이 아니라 문서를
확인하면서 다시 정리해나가야 한다는 점이다. 그래야 고객의
니즈 파악의 출처를 확인할 수 있으며 부족한 부분에 대한 보완
을 강구할 수 있다.

고객과 직접 인터뷰하라

문헌 조사 후에는 고객과 인터뷰할 차례이다. 문서에서 확실
히 파악되지 않은 내용이 있거나 추가적인 확인이 필요할 때 고
객과 직접 대면하는 인터뷰가 효과적이다. 효율적인 인터뷰 진
행을 위해서는 철저한 사전 준비가 필요하다. 그렇지 않으면 시
간만 낭비하는 결과를 초래할 수 있기 때문이다.

따라서 철저한 인터뷰 계획서 및 질의서를 준비해야 한다.
인터뷰 계획서에는 대상, 일정, 시간, 장소 등을 기입한다. 시간
은 가급적 고객이 편하고 여유 있는 때를 택해야 심도 있는 인

터뷰를 진행할 수 있다.

다음은 인터뷰 계획을 수립할 때 고려할 사항들이다.

- 일정 : 일자 및 시간
- 장소 : 고객이 선호하는 장소로 가급적 조용하고 독립된 공간
- 참석자 : 참석자는 신중하게 선정. 정보 제공에 불필요한 인력은 배제한다.
- 시간 : 1~2시간

인터뷰 계획서를 썼으면 질문 리스트를 준비한다. 문헌 조사를 하면서 궁금했던 사항이나 필요한 요소에 대해 확인해야 한다. 따라서 사전에 질문 리스트를 준비하고 고객으로부터 상세한 답변을 끌어내야 한다.

인터뷰가 끝나면 인터뷰 내용을 정리해 공유한다. 인터뷰는 가급적 2인 이상이 조를 이뤄 한 사람은 질문을 하면서 이야기를 이끌어 가고 다른 사람은 고객의 이야기를 문서로 남기는 것이 좋다.

정리된 인터뷰 내용은 고객에게도 공유해서 오류가 있는지 확인하는 작업이 필요하다. 그래야 고객도 자신이 이야기한 사항에 대해 인지할 수 있다. 필요에 따라 고객과의 인터뷰를 녹

음할 수도 있는데, 고객이 부담스러워해 이야기가 진전되지 않을 수도 있으니 고객과 합의한 후 진행해야 한다.

고객의 요구사항을 파악하라

전문가답게 프레젠테이션하기

요즘 직장인들에게 파워포인트는 친근한 문서 저작 도구이다. 상대방에게 무언가를 설명하거나 설득할 때 요긴하게 활용되므로 능수능란하게 다룰 수 있어야 한다. 그럼 파워포인트를 활용한 문서는 어떻게 만들면 좋을까?

스토리가 있는 문서를 작성하라

파워포인트는 개별 슬라이드로 분리되기는 하지만, 문서의 맥락은 일관되게 연결되어야 한다. 파워포인트의 각 장이 하나의 스토리로 연결되는 것이 효과적이다. 도입부터 본론, 결론까지 이야기하고자 하는 주된 내용에 일관성이 있어야 한다는 말이다. 그래야 읽는 사람이 논지의 흐름과 내용을 쉽게 이해할 수 있다.

이때 도입부는 본문에서 이야기하고자 하는 것의 연결고리가 되어야 하므로, 청중의 관심을 불러일으킬 수 있는 요소를 넣어보자. 예를 들어 이야기하고자 하는 내용의 삽화나 관련 동영상을 보여줌으로써 호기심을 불러일으키는 것이다.

논리적 구조를 갖추라

발표 문서는 이해하기 쉬운 논리적 구조를 갖춰야 한다. 전체 스토리 구조뿐만 아니라 각장의 슬라이드에서도 논리적인 전개가 갖춰져야 한다. 상호 인과관계나 시계열적 배치 등을 고려해 구성하는 것이다. 또한 내용 전개에 모순이 없는지 확인해야 한다.

청중을 고려하라

어떤 파워포인트 발표 내용을 듣고 있노라면 내가 왜 이런 내용을 듣고 있어야 하는지 모를 때가 있다. 너무 어려워서 이해하기 힘들거나 너무 쉬운 내용이어서 들을 필요가 없을 때다. 발표자가 청중을 제대로 분석하지 않은 경우다.

발표 내용을 작성하기 전 가장 먼저 할 일은 철저한 청중 분석이다. 전문가에게 설명할 내용을 초중생 강의처럼 해서는 안 된다. 반면 비전문가 대상이라고 해서 일반적인 관점으로만 발표하면 따분해지기 십상이다. 예를 들어, 나이 지긋한 분들을 대상으로 TV 신제품을 홍보한다고 할 때 지나치게 기술적인 내용만 강조한다면 제대로 된 발표라 할 수 없다.

각 장표에서 키워드를 제시하라

파워포인트 슬라이드 작성 시 반드시 유념할 법칙이 '1도 1사'의 원칙이다. 하나의 그림에는 하나의 사실만 제시해야 한다는 것이다.

작성한 도식에 너무 많은 사실을 담으려다 보면 그림을 이해하는데 오해가 생길 수 있다. 따라서 전달하고자 하는 것이 무엇인지를 정확한 키워드로 제시해야 한다. 이 원칙을 가장 잘 지킨 사례가 스티브 잡스의 프레젠테이션이다. 각 장에서 제시하고자 하는 내용을 명확하고 군더더기 없이 나타내고 있는 것을 확인할 수 있다.

파워포인트의 각 슬라이드가 제시하는 키워드가 무엇인지 작성해 보고, 키워드가 여러 개 나올 경우 그 장표를 분리하는 것도 좋은 방법이다.

전문가다운 이미지를 사용하라

파워포인트에서 기본으로 제공하고 있는 클립아트 사용은 피해야 한다. 전문가 답지 않은 느낌을 줄 수 있기 때문이다.

요즘은 인터넷에서 무료로 이미지를 제공하는 사이트가 많다. 이를 잘 활용하면 비용을 지불하지 않고도 고급스러운 파워 포인트 자료를 작성할 수 있다. 정말 중요한 발표 자료라면 비용을 지불하더라도 전문 디자이너의 편집을 거칠 필요가 있다.

내용만 좋으면 되지 디자인이 뭐가 중요하냐고 할 수 있지만, 그리 쉽게 넘어갈 문제가 아니다. 기업들이 중요한 발표나 제안서에 생각보다 많은 디자인 비용을 지불하고 있다는 사실은 결과물에서 디자인이 중요한 요소로 작용한다는 것을 암시한다.

필요시 NDA 서약하고 발표하라

중요한 자사 자료를 꺼내 고객에게 설명해야 할 때가 있는데, 함부로 공개할 수 없는 비밀 자료라면 어떻게 할까. 종종 타기업의 비즈니스 모델을 도용해 사업을 시작하는 사례를 접할 수 있다. 이럴 때 유용하게 활용할 수 있는 것이 '기밀유지협약(Non-Disclosure Agreement, NDA)'이다. 기업 간에 기밀 물질이나 지식을 공유하고 일반적인 사용을 제안할 때 사용되는 법률 계약이다. 협약에 따라 특정 정보를 외부에 공개하지 않는데 동의하는 계약이라 할 수 있다.

이러한 NDA는 선진 외국기업에서는 아주 보편화된 계약 형태이다. 따라서 중요한 자사의 정보를 외부에 공개할 때는 이러한 NDA를 체결하고 발표를 하는 것이 좋다. 이때 상대가 단순히 설명만 한다면서 NDA 체결까지 해야 하냐고 불쾌한 감정을 나타낼 수도 있다. 이럴 땐 중요한 정보는 누락시키거나 외부 유출 및 사용에 대한 제약 사항을 제시하는 정도로 향후 발생할 수 있는 문제를 방지하면 좋겠다.

라이벌 기업을 의식하라

우리 사회에는 눈에 보이지 않은 라이벌 의식이라는 게 있다. 특히 경쟁이 심한 기업들 간에는 그러한 현상이 두드러진다. 이를 무시하고 경쟁사를 치켜세운다거나 경쟁사와 비교해 고객사가 열세에 있다는 느낌을 주어서는 안 된다.

경쟁사의 로고 컬러를 기반으로 슬라이드 장표를 만드는 등의 실수를 조심해야 한다.

어느 회사가 통신업체 A사에 입찰 제안서를 제출했을 때 일이다. A사는 통신업계 1위 탈환을 위해 B사와 치열하게 경쟁하고 있었다. 그 시기 B사는 기업 브랜드 강화를 위해 그들만의 폰트를 제작해 다양한 매체에 광고하고 있었다. 그러자 일반인들도 그 폰트를 많이 사용하게 됐다.

이 시점에 A사에 제안서를 제출하면서 경쟁업체인 B사가 배포한 폰트를 사용한 것이다. 그 제안서를 받아든 A사 담당자는 안색이 변했다고 한다. 입찰이 좋은 결과로 이어지지 못한 것은 당연하다.

슬라이드에 쪽수 기입은 기본

『맥킨지, 발표의 기술』이라는 책은 청중의 권리 장전에 대해 이야기한다. 발표자는 청중의 권리를 존중해야 한다는 것이다. 이 청중의 권리장전 중에는 PT가 언제 끝나는지 청중이 알 권리가 있다고 한다. 그 대표적인 표식이 쪽수이다. 단순히 일련 페이지를 제시하기보다 현재 다루는 내용이 전체 페이지에서 어디쯤 해당되는지 제시해줌으로써 발표자의 페이스를 따라갈 수 있도록 하는 것이다. 발표가 언제 끝날지 예상하기도 쉽다.

발표 자료 분량에 신경 써라

필자가 가끔 프레젠테이션 컨설팅을 할 때 무조건 내용을 많이 작성하길 원하는 고객이 있다. 발표 내용이 너무 많아 분량을 줄이라고 조언하면, "일단 작성해 놓고 빨리 넘기면 됩니다."라는 반응이다.

그러나 이것은 아주 잘못된 생각이다. 너무 많은 페이지를 작성해 놓고 자세한 설명 없이 휙휙 넘어가면 청중은 내용을 이해하기 어려울 뿐만 아니라 발표 내용에 의구심을 가질 수도 있다. 많이 작성해놓고 분량을 줄인다는 생각보다는 키워드를 중심으로 정말 이야기하고 싶은 내용을 제시해야 한다. 반면 내용이 너무 적은 슬라이드를 오랫동안 설명하는 것도 청중을 지루하게 만드니 유의해야 한다.

발표 자료 분량은 발표 시간을 충분히 고려해서 정해야 한다. 발표 시간은 아주 중요한 요소이다. 아무리 재미있는 드라마나 영화를 보더라도 사람의 집중력에는 한계가 있기 때문이다. 발표 시작에 앞서 발표 시간을 제시해 주고 그 시간을 정확히 지켜야 한다.

발표 자료의 양은 상황이나 내용에 따라 달라진다. 발표자의 성향, 발표의 성격 등 다양한 요소를 고려해 실제 연습을 해보거나 전문가 의견을 수렴해 분량을 정하는 것이 좋겠지만, 경험상 1분에 1장 정도로 작성하면 무난하다.

발표 연습은 충분히

파워포인트 자료는 발표할 때 사용하는 보조 수단이다. 따라서 장표를 아무리 잘 만들었다 하더라도 발표를 제대로 하지 않으면 지금까지 열심히 만들어온 문서가 헛수고가 될 수 있다. 따라서 충분한 연습이 필요하다.

가능하면 발표를 잘하는 전문가의 코칭을 받는 것이 좋다. 나의 발표로 대형 사업의 수주가 좌지우지될 수도 있기 때문이다.

　이제 파워포인트 프레젠테이션은 하나의 큰 흐름이 된 것 같다. 따라서 파워포인트를 활용해 문서를 작성할 때는 한 장 한 장 심혈을 기울여야 한다. 무성의하고 의미 없는 장표는 과감히 삭제하고 제시하고자 하는 핵심, 즉 '킬링 메시지'가 담긴 슬라이드를 만들도록 노력해야 한다.

이메일 쓰기,
형식도 중요하다

"인간에게 가장 중요한 능력은 자기 표현력이며, 현대의
경영이나 관리는 커뮤니케이션에 의해 좌우된다."

현대 경영학의 아버지 피터 드러커의 말이다. 개인은 물론이
고 조직에서도 커뮤니케이션 능력이 중요하며, 커뮤니케이션을
얼마나 잘하느냐에 따라 성패가 갈린다는 점을 강조한 것이다.
이처럼 직장에서 가장 중요한 역량을 꼽으라면 단연 '커뮤니케
이션 능력'일 것이다.

스티브 잡스는 새로운 제품을 출시할 때마다 직접 대중 앞
에 서서 제품을 알렸다. 예전에는 보기 드문 모습이었다. 일반적
으로 국내 기업에서는 신규 제품이 출시되면 모델이 나와 제품
을 설명하고 광고 및 대중매체를 통해 전달하는 것이 전부였다.
그러나 이제는 국내 기업들도 신제품이 나오면 CEO가 직접 제

품에 대해 설명한다. 이는 기업들이 생산자와 소비자 간의 커뮤니케이션을 중요하게 생각한다는 것을 보여주는 사례다. 이렇듯 기업에서 커뮤니케이션의 영향력이 점점 더 커지고 있다.

커뮤니케이션에는 다양한 유형이 있다. 그중 이메일은 직장 커뮤니케이션에서 중요한 요소를 차지한다. 따라서 이메일을 신중히 작성해야 하며 사용 스킬을 충분히 숙지해야 한다.

형식도 중요하다

『논어』「옹야편」에는 문학의 내용과 형식이 조화를 이루어야 한다는 '문질빈빈文質彬彬'이 나온다. 메일의 내용이 중요하지 작성 형식이 뭐가 중요하냐는 반문에 대한 답변이 될 수 있겠다.

이메일을 보낼 때 너무 빡빡하게 쓰는 경우가 있다. 심지어는 줄 바꿈도, 문단 나누기도 하지 않아 가독성이 떨어진다. 이메일은 내가 할 말만 제시하면 끝나는 것이 아니라 전하고자 하는 내용을 상대에게 명확히 전달하는 것이 목적이다. 내가 할 말은 이메일에 다 담았으니 중요한 내용은 수신자가 알아서 파악하라는 것은 그릇된 태도다.

상대방을 충분히 고려하고 내용이 정확히 전달될 수 있도록 이메일을 작성해야 한다. 이메일은 쌍방향 커뮤니케이션 수단이라는 점을 기억하자.

실수를 최소화하는 방법

이메일을 보낼 때 많이 하는 실수가 수신자를 잘못 입력하거나 첨부 문서를 누락하는 것, 제목을 잘못 기입하는 것 등이다. 메일을 잘못 발송할 경우 중요한 내용이 유출될 수도 있다. 또한 첨부 문서를 보내지 않아 업무에 혼란을 줄 수도 있다. 하지만 다음과 같은 전송 절차를 따르면 사소한 실수나 오류를 미연에 방지할 수 있다.

첨부 문서를 입력한다. → 수신자를 기입한다.
→ 제목을 기입한다. → 내용을 작성한다.
→ 최종 확인 후 전송한다.

수신자 지정은 신중히

간혹 수신자와 참조인을 명확한 기준 없이 지정하여 보내는 경우가 있다. 수신자는 본 메일을 확인하고 회신하거나 해당 업무를 직접 수행할 대상자이다. 반면 참조인은 메일 내용을 참조하고 필요시 회신하거나 의견을 제시할 수 있는 사람이다.

그런데 일부 발신자는 수신자와 참조인을 불필요하게 너무 많이 지정하기도 한다. 그들 중에는 본인이 왜 이 메일을 받아야 하는지 의구심을 갖는 이도 있을 것이다. 업무에 직간접적으로 관련되지 않은 사람들은 과감히 빼야 한다. 단순히 내가 이런 업무를 하고 있다고 알리는 식의 정보 전달은 지양해야 한다.

제목은 내용을 직관적으로 알 수 있게

내용을 파악할 수 없는 애매모호한 제목은 지양한다. 이메일 제목은 전체 내용을 함축하는 것이어야 한다. 산더미 같은 메일을 받아보는 수신자가 그 메일을 열람할지 말지 제목만 보고도 파악할 수 있도록 말이다. 예를 들어 다음과 같은 제목은 수신자가 내용을 쉽게 파악하기 어렵다.

'안녕하세요, 김철수 대리입니다.'

'회의록 참조'

이메일 제목은 좀 더 구체적으로 제시해야 한다. 중요한 사항은 대괄호를 사용하면 효과적이다.

[회의록 공유] 7월 6일 자 중국 진출 방안 협의

[필독] 사업계획서 검토 후 회신 부탁드립니다.

[공유] 2019년 IT 트렌드 자료입니다.

간단명료하게, 정확한 의도를 담아

장황한 이메일 작성은 절대 금물이다. 발신자가 전달하고자 하는 내용만을 담고 있어야 수신자가 혼란 없이 내용을 파악할 수 있다. 수신자가 어떤 행동을 취해야 하는지 정확히 알 수 있도록 작성해야 한다는 것이다. 메일을 받고도 무슨 내용인지 파악이 안 되거나 어떤 것을 해야 할지 모른다면 이것은 잘못 작성된 것이다.

분량은 가급적 한 페이지를 넘지 않는 것이 좋다. 간단명료하게, 발신자의 의도를 명확히 제시해야 한다.

반응과 답변은 즉각적으로

메일이나 문자를 받으면 즉각 반응을 보이고, 상대방을 마냥 기다리게 하지 말아야 한다. 간혹 습관적으로 늦게 회신하는 사람이 있는데, 이는 개선해야 할 태도이다.

메일에 대한 회신은 무조건 1시간 이내에 하는 것이 좋다. 메일을 받고 1시간 이내에 처리할 수 없는 업무도 있을 것이다. 그럴 때에도 그 상황을 즉시 이메일로 회신해야 한다.

감정을 다스리기 힘들 땐 회신하지 마라

직장생활을 하다 보면 동료 또는 거래처에 감정이 섞인 메일을 전하는 경우가 더러 있다. 거래처에 대한 컴플레인이나 개인적인 불만 사항을 이메일로 보내는 것이다. 그러나 이런 메일을 보낼 때야말로 신중하게 생각한 뒤 보내야 한다.

반대로 이러한 메일을 받았을 때 즉시 회신하는 것은 지양해야 한다. 이메일은 다른 커뮤니케이션 수단과 달리 증거로 남기 때문이다. 한 번 더 생각한 후 이메일을 보내도록 한다.

실수했을 땐 정중하게 사과하라

업무와 관련되거나 또는 개인적으로 상대방에게 실수를 저지를 때가 있다. 이럴 때 자신이 잘못한 부분에 대해 진심 어린 마음을 담아 장문으로 정중하게 전달하면 효과적이다. 단순 전화 통화나 문자 메시지로 미안함을 전하기보다는 이메일이 더욱 진정성 있으며, 상대방도 그 글을 읽으며 내 입장을 이해할 수 있다.

답변할 내용이 없다고?

상호 인정과 인식은 기본적인 삶의 태도이다. 커뮤니케이션할 때 서로 말한 것에 대해 대응하고 반응하는 것이 기본이라는 것이다.

가끔 부부싸움을 할 때 이런 모습을 볼 수 있다. 아내는 화가 나서 이야기하고 있는데 남편은 그저 묵묵부답이다. 그러면 아내는 더욱 목소리를 높이게 된다. 무언가를 이야기하는데 상대가 아무 대꾸가 없으면 감정이 더욱 격해지기 때문이다.

최근에는 인터넷 및 스마트폰 사용 확대로 직접 만나지 않고 커뮤니케이션을 하는 경우가 많아졌다. 우리가 자주 사용하는 스마트폰 SNS 대화 프로그램은 상대방이 자신의 글을 읽었는지 여부도 체크된다. 따라서 상대가 자신의 글을 확인했음에도 적절하게 대응을 하지 않으면 불쾌감을 느끼기 쉽다.

"김 과장, 내가 보낸 메시지에 왜 답변이 없어?"

"답변할 내용이 없어서요."

"그럼 의견이 없다고 이야기하든가. 아니면, 알겠다는 정
  도는 회신을 해야지."
"아무 의견이 없으니까 아무것도 적지 않은 거죠."

일리는 있다. 나에게 의견을 물었지만 마땅히 내놓을 아이디
어가 없으니까 문자만 보고 그냥 넘긴 것이다. 그러나 직접 대
면한 상황이라면 그런 행동의 이유를 금방 알 수 있겠지만, 상
대방이 보이지 않는 온라인에서는 딱히 의견이 없다는 것인지
내 질문이 어이가 없다는 것인지 알 수가 없다. 상대방과의 신
뢰가 없다면 후자로 생각할 가능성이 높다.
　업무 지시 상황에서는 반응이 중요하다. 상사가 업무를 시켰
는데 즉각적인 반응이 없으면 상사는 자신이 지시한 업무가 어
떻게 되고 있는지 마냥 궁금해진다. 상사의 지시 사항에 대해서
는 진행 여부 및 상황을 지속적으로 알려야 한다.
　직장생활은 끊임없는 상호작용의 연속이다. 따라서 상대방
의 요구에 내가 무엇인가를 수행하고 있다는 모습을 보여줘야
한다. 그래야 상대방이 나를 신뢰할 수 있으며 성실성을 인정받
을 수 있다. 즉각적 반응이 직장생활에서 꼭 필요한 이유다.

분명한 기한이 필요하다

●
●
●
●
●
●

세계적인 성공학의 대가 브라이언 트레이시는 이렇게 말했다.

"기한 없는 목표는 총알 없는 총, 탁상공론이나 다름없다. 기한이 없으면 일을 진행시키는 에너지도 발생하지 않는 다. 자신의 삶을 불발탄으로 만들지 않으려면 분명한 기 한이 필요하다."

일을 미리미리 하지 않고 최대한 미뤘다가 하는 경우를 자주 본다. 마감이 임박해야 일이 더 잘 된다고 말이다.

하지만 기한에 쫓겨 일을 서두르다 보면 실수를 하고 품질이 떨어지는 것이 사실이다. 기획서나 보고서, 발표자료 등을 작성 해보면 극명하게 드러난다. 보고서나 글은 한두 번이라도 더 볼 수록 품질이 올라가는 것이 일반적이다. 허둥지둥 완료한 문서 는 대장간에서 칼날을 제대로 연마하지 않고 시장에 내보내는 꼴이다. 모양은 갖추었지만 기능을 제대로 못 하는 것이다.

그럼 일을 미리미리 마치기 위해서는 어떤 전략이 필요할까?

수행 과제를 정확히 인지하라

일을 할 때는 무슨 일을 어떻게 해야 하는지 정확히 인지해야 한다. 많은 사람들이 자신이 해야 할 일에 대해 정확히 파악하지 못했음에도 그냥 시작하는 경우가 많다. 어떻게 해야 할지 몰라 일을 그냥 안고만 있는 경우도 많다.

반면 지시자는 상대가 그 일을 잘 이해하고 진행할 것이라 생각하기 쉽다. 겉으로 봤을 때 상대방이 충분히 이해하는 듯했고 따로 질문이 없었기 때문이다. 업무 지시자와 수행자가 동상이몽을 꾸고 있는 것이다.

일을 맡았는데 무엇을 어떻게 해야 하는지 정확히 파악하지 못했다면, 충분히 파악할 수 있을 때까지 일을 시킨 사람에게 확인해야 한다. 특히 신입사원의 경우, 업무 지시자인 상급자를 어려워해서 잘 물어보지 못할 때가 많은데 이러한 부분은 염려할 필요가 없다. 일을 잘하기 위해 이해가 되지 않는 부분을 확인하는 사람을 나무랄 상사는 없을 것이다.

정확한 수행 일정을 수립하라

마감일로부터 역산해서 상세 일정을 수립해라. 달력에 세부 일정을 간단히 표시해서 언제까지 어떠한 일을 할지 작성하면 된다. 필요에 따라 전문 일정관리 프로그램을 사용할 수도 있다. 단, 수행 일정은 상세하고 현실적으로 작성해야 한다.

세부적이지 않으면 무엇을 언제까지 해야 하는지 명확히 정의되지 않을 수 있다. 가능한 세부적인 내용을 2~3개 단위로 잘게 쪼개서 일정표에 등록해야 한다. 그리고 일정표는 어떤 일이 있어도 지킨다는 생각을 갖고 관리해야 한다.

일정표를 타인과 공유하면 더욱 책임감을 갖고 일정을 준수할 수 있다. 분명한 것은 업무 수행 일정을 철저히 관리해야 한다는 것이다.

스토리보드를 점검한 뒤 시작하라

정확한 업무 방향을 인지했다면 스토리보드를 작성하는 것이 좋다. 스토리보드란 영화 산업에서 나온 용어인데, 영화를 찍기 전 내용을 쉽게 이해할 수 있도록 주요 장면을 그림으로 그려본 것이다. 이렇게 하면 전체적인 내용을 점검할 수 있을 뿐만 아니라 시간과 비용도 절약된다.

문서를 작성할 때도 마찬가지이다. 작성할 내용의 목차를 뽑아보고 목차별 키워드를 고민해 봐야 한다. 먼저 밑그림을 그리고 세세한 붓 터치를 해야지, 구석부터 세세하게 그려나가면 마

지막에는 내가 그리고자 했던 내용이 그림에서 빠지는 경우가
생길 수 있다.

아무리 일정이 촉박하더라도 반드시 스토리 라인을 구상하
고 확정한 뒤 작업을 진행해보자.

업무를 시간 단위로 관리하라

업무를 시간 단위로 관리하는 것이 중요하다. 일정에 맞춰
일을 할 때 이 업무는 몇 시까지 마무리한다는 목표를 가져야
한다. 마감에 맞춰 일을 할 때 초반에는 느슨해질 수 있으니 완
료 일정을 철저히 시간 단위로 관리하면 효과적이다.

일을 더 빨리 마칠 수 있는 경우, 납기일까지 끌지 마라. 이
일을 빨리 끝내면 또 다른 일을 시킬 것 같아 최대한 시간을 끌
려 하는데, 이렇게 하는 것이 당장은 자신에게 유리할지 몰라도
장기적으로는 마이너스가 될 수도 있다는 점을 잊지 마라. 추가
업무를 시키면 솔선수범해서 하자.

다만, 이때는 협상 전략이 필요하다. 일을 받아들일 때, 정말
어려운 상황인데도 이 일을 추가적으로 한다는 것을 타인에게
인지시켜야 한다. 그래야 나중에 그들과 협상할 때 유리한 고지
를 얻을 수 있다. 개인적인 일로 먼저 퇴근할 때, 그들은 나를 뺀
질대고 먼저 퇴근하는 파렴치한 동료로 생각하지 않을 것이다.

검토자와 자주 리뷰하라

후배들에게 일을 시켜보면 제출 일정 전에 미리 결과물을 제시하는 직원을 찾아보기 힘들다. 완벽하지 않은 것을 보여주기 싫은 것이다. 그러나 이런 습관은 고쳐야 한다.

내가 아무리 지시 사항을 정확히 이해했다고 해도 일을 시킨 사람의 의도대로 일을 하고 있는지는 모르는 것이다. 따라서 업무 지시자와 수행자는 지속적으로 상호 점검을 해야 한다.

예를 들어 문서 작업을 할 때, 일단 목차와 목차별 키워드에 대해 검토를 받아라. 그런 다음, 목차에 따른 목업Mock-Up을 제시하라. 목업은 제품을 제작하기 앞서 결과를 사전 검토하기 위해 만드는 실물 크기 모형을 말한다. 문서도 목업이 필요하다.

파워포인트의 경우 이미지로 문서 내용을 요약, 추상화해서 제시할 때가 있는데, 단순 목차와 키워드만으로는 내용을 파악하기 어렵다. 문서의 최종 이미지를 사전에 업무 지시자에게 보여주고 그가 의도한 대로 결과물이 나오는지를 확인하는 것이 좋다.

다음에는 진척에 따라 2~3회 정도 실제 작성된 문서 내용을 사전 검토 받으면 된다. 여기서 염두에 둘 것이 있다. 상사가 초기에 지시한 방향과 나중에 지시한 내용이 다를 수 있다. 업무 수행자로서는 속이 탈 노릇이지만, 이것은 실무자가 꼼꼼히 챙기는 수밖에 없다.

　각 단계별로 검토 받을 때, 이전에 리뷰한 내용이 무엇이었으며 어떻게 수정했는지를 간단한 문서로 정리해주어야 한다. 상사도 자신이 무엇을 요청했는지 잘 모를 때가 있기 때문이다. 따라서 수행자가 방향을 잡아야 한다. 이때 자신의 입장만 고집하면 상사와 불화가 생길 수도 있으니 슬기롭게 대처해야 한다. 최종 문서의 완성도는 업무 지시자가 결정한다는 것을 명심하고 그의 요구에 슬기롭게 대응하라.

마감 2일 전에는 끝내고 확인하라

　마감 2일 전에는 마무리하고 최종 점검을 해야 한다. 용어 통일 및 부적절한 용어 사용 여부도 확인해본다.

　오탈자는 자동 검색 기능을 먼저 적용하고 다음에는 출력해서 검토하는 것이 좋다. 그리고 문맥도 다시 한 번 점검해야 한다. 문서에 잘 사용하지 않는 구어체 문장이 없는지 확인한다. 또한 소리 내어 읽었을 때 부드럽게 술술 넘어가도록 중복된 어미나 주어와 술어의 불일치는 없는지 다시 한 번 검토한다.

회의는
분명한 어젠다를 가지고

우리는 회의의 홍수 속에 살고 있다. 그런데 회의가 정말 효율적으로 운영되고 있는지 생각해 볼 필요가 있다. 한 조사에 따르면 직장인들은 일주일에 평균 2.2회 회의에 참석하는 것으로 나타났으며, 73.4%는 '회의가 시간낭비라고 느낀 적이 있다'고 답변했다.

회의는 사전적인 의미로, 2명 이상의 다수가 모여 어떤 안건을 의논, 교섭하는 행위다. 여러 사람이 모여 의논을 주고받으며 합의점을 향해 가는 것이다.

그런데 직장에서 이루어지는 회의는 상호 커뮤니케이션이 전혀 발생하지 않는 경우가 많다. 한두 명이 전체 발언권을 갖고 진행하거나, 어떤 안건을 일방적으로 전달하는 행위가 일반적이다. 특히 보수적인 집단에서 이런 모습이 더욱 극명하게 나타난다.

업무에서 회의는 아주 중요한 요소이다. 그러나 잘못 관리하면 회의 때문에 정작 중요한 업무를 하지 못하는 결과를 초래하기도 한다. 회의는 어떤 해결안을 찾을 때 진행해야 하는데 시도 때도 없이 회의만 하려는 조직도 있다. 특히 리더가 결정력이 약하거나 문제 해결 역량이 부족할 때 자주 발생하는 일이다. 회의는 일을 잘하기 위해 하는 것이다.

이제부터는 회의를 효율적으로 하는 방법을 생각해보겠다.

명확한 어젠다를 제시하라

회의 소집 시에는 명확한 어젠다를 제시해야 한다. 회의에 앞서 안건은 무엇이며 어떤 결정을 해야 하는지 알려주어야 회의가 효율적으로 진행될 수 있다. 가능하면 회의 자료를 미리 배포하는 것이 좋다. 어젠다에 따라 회의에 참석할 것인지 아닌지 판단할 수 있기 때문이다. 또한 자료를 검토하고 사전에 자신의 의견을 정리할 수 있어 양질의 회의가 가능해진다.

사전에 어젠다를 제시할 수 없다면 늦어도 회의 시작 전에는 안건을 참석자에게 알려주어야 한다. 이때 안건을 화이트보드에 작성해 두면 회의 진행에 아주 효율적이다. 회의 어젠다에 대해 미리 숙지하지 않으면 회의의 최종 결과를 예상할 수 없으며 회의에서 누락되는 요소도 발생할 수 있다.

정확한 참석자를 선정하라

회의에 참석하다 보면 도대체 내가 왜 이 회의에 와 있는 것인지 모를 때가 있다. 관련도 없는데 자리만 지키고 있으려니 시간도 아깝고 답답한 노릇이다.

회의를 주재하는 사람은 회의 참석할 인원을 명확히 선정해야 한다. 참석 대상은 잘 모르겠으니 무조건 다 참석하라고 하면 다른 사람들의 소중한 시간을 빼앗는 것이다.

이러한 참석자 지정 오류는 회의 주최 측에도 많은 문제를 가져올 수 있다. 참석자는 일단 회의에 왔으니 무슨 발언이라도 해야 한다는 강박관념에 사로잡혀 의견을 제시하는데, 사전 지식이 갖춰져 있거나 심사숙고한 것이 아니기 때문에 그릇된 의견을 내놓을 수 있다는 것이다. 그렇다고 제시한 의견을 마냥 묵살할 수도 없는 노릇. 특히나 의견을 내놓은 사람이 상급자일 경우 더욱 난감하다. 하지만 이런 잘못된 방향의 의견이나 자문으로 인해 의사결정 자체에 오류가 생길 우려가 있다. 따라서 회의 참석자는 적정한 대상으로 최소화해야 한다.

회의 진행자를 임명하라

회의석상에는 발언권을 독차지하는 '빅마우스'가 존재한다. 따라서 회의를 이끌어가는 진행자를 임명하는 것이 좋다. 진행자는 중립성을 유지하며 원활한 진행을 하는 역할을 수행해야 한다.

시사 프로그램 사회자가 과열된 토론장을 능수능란하게 정리해 가듯, 회의 진행자도 다음과 같이 대처할 줄 알아야 한다.

- 결론 나지 않는 토론은 중단시키고 향후 재토론하도록 유도한다.
- 발언자를 관리해 일방의 회의 주도를 방지한다.
- 회의 내용을 중간중간 정리해서 효율적으로 진행되도록 한다.

이런 역할을 하는 사회자가 없으면 한두 명의 끝나지 않는 논쟁으로 다른 모든 사람이 무의미하고 무료한 시간을 보내기 십상이다.

사회자를 임명했다면 그의 진행에 철저히 순응해야 한다. 운동 경기에서 심판의 판정을 따르는 것이 기본 원칙인 것처럼, 직급을 막론하고 누구나 진행자의 원칙을 따르고 제지를 거역해서는 안 된다.

액션 리스트 제시하기

끊임없이 회의만 하고 결과도 없이 끝내는 모습을 종종 볼 수 있다. 몇 시간 동안 마라톤 회의를 했는데도 그 다음 행동으로 연결되지 않는 회의도 있다. 이럴 거면 왜 회의를 하는지 자문해봐야 한다. 그저 윗사람이 이야기하는 것을 듣기만 하는 것은 회의가 아니라 공지사항 전달이기 때문이다.

군이 회의를 주최할 것인지 신중히 결정하고 진행했다면, 문제 해결을 위한 방향(액션 리스트)과 이를 수행할 담당자, 기한을 확정하고 참석자들이 인정토록 해야 한다.

회의록은 반드시 남겨라

명확한 향후 액션 계획과 결정 사항을 확인하기 위해서는 반드시 회의록을 남겨야 한다. 따라서 회의 시 회의록을 작성할 사람을 임명해야 한다.

회의록에는 회의 내용을 명확히 기록하고, 향후 업무 처리에 대한 방향성을 제시해야 한다. 그리고 회의록은 작성 후 참석자들과 공유해야 한다. 간혹 회의록이 잘못 작성될 수도 있으니 이를 확인해야 한다. 요즘은 회의록을 녹음하기도 하는데, 이 경우에는 사전에 참석자에게 알려 인지하도록 해야 한다.

회의록을 공유할 때 '이견이 없을 시 모든 내용을 인지한 것으로 간주한다'는 문구를 삽입하면, 향후 수신자 측이 송신자가 전송한 내용을 인정하지 않는 상황을 대비할 수 있다.

성과를 점검하라

회의를 하고 나서 아무 성과 없이 끝나면 안 될 것이다. 성과를 점검하기 위해 회의 후 결정된 사항이 제대로 이행되고 있는지 확인해야 한다. 필요시 회의를 재소집해서 진행 안건에 대한 수정을 할 수도 있다.

결정된 사안이 제대로 이루어지고 있지 않다면 그에 대한 대책을 마련해야 한다. 미해결 안건은 상부에 보고해 추가적인 대응 방안을 모색하도록 한다.

알고리즘 정도는
읽어야지

우리는 일을 할 때 좀 더 생산적일 필요가 있다. 생산성은 생산 현장에서 뿐만 아니라 사무실에서도 아주 중요한 문제다. 컴퓨터는 사무실에서 생산성을 높일 수 있는 혁신적 도구이다. 예전에는 기안서 하나를 작성하려면 먼저 수기로 써놓고 그것을 타자기로 다시 옮기곤 했다. 그러나 지금은 컴퓨터를 활용해 업무의 생산성과 효율성을 최대한 높인다.

필자가 신입사원일 때만 해도 컴퓨터를 다루지 못하는 부장님들이 많았지만 부하 직원들이 컴퓨터 작업을 다 해주어서 문제될 게 없었다. 그러나 요즘은 사원부터 임원까지 모두 컴퓨터를 다룰 줄 안다. 다만 사용 능숙도에서 차이가 난다. 필자가 종사하는 IT 직종에서 이런 모습을 볼진대, 사무직 평균으로 보면 실망스러운 수준일 것이다.

이제는 문서 저작 도구만 다루는 단순 실력으로는 부족하다.

최소한 타인이 작성한 프로그램 알고리즘 정도는 읽을 줄 알아야 한다. 인터넷 커뮤니티에 '카이스트 공익'과 관련된 글이 여러 편 올라온 적이 있다. 공익요원으로 근무하던 카이스트 학생이 며칠씩 걸리던 반복 업무를 간단한 프로그래밍으로 몇 시간 만에 마무리했다는 내용이었다.

이제는 컴퓨터를 활용해 업무 생산성 향상을 꾀해야 한다. 그러기 위해서는 다양한 도구 및 프로그램을 제대로 사용할 줄 알아야 한다. 생산성 향상에 도움이 될 만한 몇 가지 프로그램을 소개해본다.

다양한 생산성 향상 프로그램

☑ 에버노트Evernote

메모나 자료 저장 등 여러 가지 자료를 체계적으로 정리할 수 있는 다양한 기능을 제공하는 프로그램이다.

열심히 자료를 작성하고 저장해뒀는데 나중에 어디에 있는지 모를 때가 있다. 스마트폰, 다이어리, 가정용 PC, 회사 PC 등 사용하는 기기가 다양하다 보니 이런 현상이 발생한다. 자료나 메모가 생명력을 가지려면 한 곳에서 관리돼야 하는데, 에버노트는 스마트폰이나 컴퓨터 등 디바이스 간 연동이 편리해 언제 어디서나 자료를 작성, 조회할 수 있어 아주 유용하다. 외부에서는 스마트폰으로 자료를 축적하고 사무실이나 집에서는 컴퓨터를 활용해 자료를 관리하는 것이다.

자료에 대한 스캔 기능도 아주 요긴한데, 중요한 서류나 잊기 쉬운 문서는 그때그때 문서 스캔 기능을 활용해 저장해두면 된다. 스캐너가 따로 없어도 핸드폰 카메라 기능을 활용하면 아주 근사한 문서 스캔이 가능하다. 유료 앱이지만 무료 버전도 사용하기에 부족하지 않은 듯하다.

☑ 구글 문서 도구Google Docs

구글이 무료로 제공하는 문서 도구는 업무 생산성 향상에 도움을 준다. 일반적으로 사무실에서 사용하는 워드, 엑셀, 파워포인트 등 문서 저작 도구의 기능들을 웹상에서 자유롭게 사용하도록 제공하고 있는데, 이러한 문서 저작 도구가 컴퓨터에 설치되어 있지 않을 때도 아주 요긴하다.

또한 다른 사람들과 공동 작업이 가능하다는 것도 강점이다. 엑셀 프로그램 등은 문서 공유 기능이 있어 하나의 문서를 동시에 여러 사람이 같이 작업할 수 있지만, 워드나 파워포인트 등은 이런 기능이 없어 아쉬웠다. 바로 이러한 고민을 구글 문서 도구가 해결해 주고 있다.

파워포인트 문서에 동시에 여러 사람이 접속해 자료 입력이 가능하기 때문에 공동작업, 리뷰 등을 수행할 때 아주 유용하다. 여러 사람이 하나의 문서에 공동 작업할 수 있으며 상대방이 작성한 문서를 즉시 확인도 가능하다.

☑ 구글 킵Google Keep

구글이 개발한 메모 프로그램이다. 앱은 물론 웹에서도 사용할 수 있다. 에버노트만큼 다양한 기능을 보유하고 있지는 않지만 번뜩 떠오른 아이디어를 그때그때 입력하기에 아주 좋다.

필자도 아이디어가 생각나면 일단 구글 킵에 메모를 작성하고 그중 체계적으로 관리해야 하는 것들은 에버노트로 내보내기 해서 관리한다.

직접 손으로 필기할 수도 있고 음성 메모도 가능하다.

☑ 구글 캘린더Google Calendar

일정 관리에 유용한 프로그램이다. 캘린더 공유 기능이 있어 나의 일정을 타인과 공유, 공동 일정 관리가 가능하다.

ERP(Enterprise Resource Planning, 전사적 자원관리)를 사용하는 기업에서는 개인 일정 관리 프로그램이 있어 자신의 일정과 타인의 일정을 즉시 확인할 수 있지만, 중소기업에서는 이 프로그램만 잘 사용해도 업무에 큰 효율을 가져올 수 있다. 상사의 일정을 확인하고 내가 언제 보고를 할지 알 수 있으며 회의를 소집하고 준비하는데 시간을 절약할 수 있기 때문이다.

☑ 구글 드라이브Google Drive

웹상의 데이터 저장소다. 이러한 웹상 데이터 저장 프로그램은 종류가 다양하지만 데이터 공유, 활용성 면에서 특히 유용한 프로그램이다. 데이터를 타인과 함께 관리하면서 공동 작업을 할 때 편리하다.

단, 기업에서 사용할 때는 보안에 각별한 주의가 필요하다. 계정이나 접근 권한 등을 철저히 관리해야 한다.

☑ 크롬Chrome 확장 프로그램

인터넷 브라우저 중 구글이 제작한 크롬이 있다. 한때 국내에서 브라우저로 인터넷 익스플로러 점유율이 90%를 넘었지만, 크롬이 등장하면서 이러한 현상이 역전됐다.

한국인터넷진흥원(KISA)에 따르면 2018년 9월 기준 국내 웹 브라우저 시장 점유율이 61.9%로 크롬이 1위를 차지하고 있다. 이제는 크롬이 대세이니 이 브라우저 사용 방법을 익혀야 한다.

크롬은 여러 기능 중 확장 프로그램을 연결해서 사용할 수 있는 강력한 기능이 있다. 많은 개발자들이 제작해 놓은 확장 프로그램을 크롬 브라우저에 플러그인Plug-In 해서 사용할 수 있다. 따라서 개인이 필요한 생산성 도구를 설치하여 크롬 브라우저를 활용한다면 큰 도움이 될 것이다.

☑ 마이크로소프트 아웃룩Microsoft Outlook

이메일과 일정 등을 관리할 수 있는 마이크로소프트 제품이다. 회사에서 메일 관리를 하는 데 가장 적합한 듯하다. 또한 메일을 쉽게 오프라인으로 저장하고 검색할 수 있어 업무에 많은 도움을 준다.

메일뿐만 아니라 일정, 작업 등을 관리할 수 있는 기능을 탑재하고 있다. gSyncit 프로그램을 사용하면 아웃룩에서 작성한 일정을 구글 캘린더와 연동하여 사용할 수 있어 스마트폰에서 수시로 일정 확인이 가능하다.

검색 역량을 높여라

이제는 인터넷에 흩어져 있는 무수한 자료를 신속하고 정확하게 검색, 활용할 수 있어야 한다. 단순히 네이버에서 키워드 검색하는 수준으로는 안 된다. 방대한 양을 보유한 구글로 외국 자료까지 검색해서 업무 역량을 향상시켜야 한다.

이때 내가 원하는 자료가 어디에 있는지를 빠르고 정확하게 찾아내는 스킬이 필수적이다. 빠르고 효율적인 검색을 위해 구글에서 사용할 수 있는 검색 연산자 몇 가지는 알고 있어야 하는데, 예를 들면 다음과 같다.

- 단어가 아닌 문장 전체를 검색할 땐 따옴표(" ")를 사용한다.
  예) "업무 생산성 도구를 활용하라"
- 특정 단어를 검색할 때는 + 기호를 사용한다.
  예) +업무 +도구
- 사이트 내에서 검색할 때는 site.사이트명 검색어를 사용한다.
  예) site.www.naver.com 생산성

다양한 검색 연산자는 각 검색 사이트에서 확인할 수 있으니 좀 더 빠르고 정확한 검색 실력을 갖추고자 한다면 공부해둘 필요가 있다.

검색을 네이버나 구글에서만 하는 시대는 지났다. 유튜브 등 영상매체도 적극 활용하는 것이 좋다. 어떤 검색 도구를 사용하는지에 따라 '아재'와 젊은 세대가 구분된다는 우스갯소리가 있다. 아재 세대는 무조건 검색 엔진을 사용하지만 요즘 젊은 친구들은 유튜브를 먼저 찾는다고 한다. 무조건 검색 사이트를 찾기보다 유튜브에 더 좋은 자료가 많으니 좀 더 다양하고 깊이 있게 자료를 찾아봐야 한다.

일은 머리가 아닌
키보드로 한다

제안서 작성을 지시했는데 며칠을 조용히 앉아만 있는 후배가 있었다. 문서를 작성하고 있다면 열심히 키보드 두드리는 소리가 들려야 하는데 너무도 조용한 것이다. 일을 하지 않거나 열심히 자료를 찾고 있거나 뭘 해야 할지 몰라 고민만 하고 있기 때문일 것이다.

여기서 명심할 것은 업무가 진척되려면 키보드가 움직여야 한다는 점이다. 기획서 작성을 위해 자료 조사를 한다고 해도 키보드를 이용해 계속 정리하고 문서를 가공해 놓아야 한다. 그렇지 않고 계속 고민만 하고 일을 눈으로만 하면 남는 것 하나 없이 시간만 흘려보내게 된다.

필자는 회사에서 김 대리와 함께 제안서를 작성할 기회가 있었다. 제안서는 어느 시점까지 사업을 발주한 기관에 제출해야 하는 문서이다. 문서 특성상 정확성과 설득력을 갖추는 것은 기본이고 납기 내 작성을 마치는 것이 중요하다.

나는 김 대리가 작성한 내용을 중간중간 검토해줘야 했기 때문에 며칠이 지나 중간 리뷰를 하기로 했다. 그런데 겸연쩍게 웃으며 김 대리가 내놓은 문서에는 아무것도 작성돼 있지 않았다. 이유를 묻자, 작성 방향에 대해 고민하는 중이란다. 그럼 그동안 무엇을 고민했냐고 물어도 제대로 답변을 하지 못했다. 나중에 조용히 술잔을 기울이며 그의 고충을 들을 수 있었다.

그는 작성할 내용을 받고 고민이 시작됐다고 한다. 그래서 인터넷을 찾아보기도 하고 유사한 자료를 찾아보기도 했는데 뭘 써야 할지를 모르겠더란다. 고민만 하고, 걱정만 쌓이면서 스트레스를 받았노라고 했다. 필자는 옆자리에 있는 김 대리가 항상 뭔가를 열심히 하지만 정작 문서는 작성하지 않고 있던 모습을 상기하면서 그의 고뇌를 조금은 헤아릴 수 있었다.

문서 작업을 할 때는 일단 무조건 써야 한다. 어떻게 쓸 것인지 자료를 찾으면서 고민한다고 계속 마우스만 움직이고 있어서는 안 된다. 키보드를 두드려야 한다.

우리는 처음부터 완벽한 것을 만들려고 하지만 쉽지 않은 일이다. 조각을 할 때도 대략적인 윤곽을 만든 다음 세밀하게 모양을 다듬어가는 것처럼 문서를 작성할 때도 우선은 이것저것 모아서 하나의 형태로 만들어봐야 한다. 앞에서 말한 목업 작업이라 할 수 있다. 일단은 목차와 글의 스토리 라인을 만들어보고, 자료를 모아 하나씩 다듬어 가는 것이 능률도 오르고 스트레스도 덜 받는다. 필요하면 이 내용을 관련자들과 지속적으로 검토하면서 수정하고 자료를 보강한다.

변화를
두려워하는 직원들

변화라는 말이 강조되던 때가 있었다. 지금도 신년이 되면 리더들은 변화를 강조한다. 그런데 이는 위에서 외치는 구호로 끝나는 경우가 많다. 변화는 그리 쉬운 것이 아니며 사람들은 천성적으로 변화를 두려워하고 싫어하기 때문이다.

타넨바움과 한나는 변화에 대항 심리 원인으로 네 가지를 제시했다.

- 변화는 익숙하고 예측 가능한 것을 포기하는 일종의 손실이다.
- 변화는 알고 있는 세계에서 모르는 세계로 이동함으로써 불확실성을 증가시킨다.
- 변화는 의미를 해체시켜 정체성에 영향을 끼친다.
- 변화는 무의식 속의 인생 계획을 뒤흔들어 각본에서 벗어나게 한다.

이 연구에서 보듯 새로운 변화에는 두려움과 저항이 따른다. 우리 주위에도 변화를 싫어하는 동료들이 있다. 특히 나이가 들어갈수록 이런 경향이 더욱 강하게 나타나는데 새로운 일을 하다 실패하게 되면 다시 회복할 수 없다는 두려움 때문일 것이다. 또는 자신은 잘 살아왔고 계속 이렇게 살 수 있을 거라는 알량한 믿음 때문일 것이다. 새롭게 무언가를 시작해서 사고 치고 회사에서 불이익을 받는 것보다는 크게 사고 내지 않고 하던 일이나 계속하면 이대로 쭉 갈 수 있다는 것이다.

그러나 회사는 끊임없이 발전해야 하고 그렇지 않으면 경쟁에서 도태되는 것이 현실이다. 이러한 환경에서 새로운 변화를 추구하기보다 기존의 것을 답습하는 데 안주한다면 그것이야말로 진정 잘못된 길일 것이다.

기존에 하던 프로세스와 기법으로는 3시간이 걸리던 작업을 새로운 프로세스와 도구를 적용하면 30분이면 끝낼 수 있었다. 누가 봐도 후자를 선택할 것 같은데 의외로 새로운 방법을 도입하는 동료는 그리 많지 않았다. 새로운 것을 익히는 게 탐탁지 않고 기존 방법으로도 지금까지 별일 없이 잘해 오고 있었기 때문이다. 새로운 기법을 익히고 적용할 땐 리스크가 있는 데다 업무 처리 시간을 단축시키면 일을 열심히 하지 않는 것으로 비칠지도 모른다는 계산도 깔려 있었다.

하지만 이제부터는 새로운 것을 적용하고 변화를 받아들이는 적극적인 자세가 필요하다. 현재 업무에 안주하기보다 좀 더 발전된 모습으로 변화를 일으키지 않으면 금세 낙오될 수 있다. 항상 변화를 모색하고 나의 역량을 확장해 나가는 삶을 추구하자.

일을 미리미리 하지 않고 최대한 미뤘다가 하는 경우를 자주 본다. 마감이 임박해야 일이 더 잘 된다고 말이다. 하지만 기한에 쫓겨 일을 서두르다 보면 실수를 하고 품질이 떨어지는 것이 사실이다. 업무를 시간 단위로 관리하는 것이 중요하다. 일정에 맞춰 일을 할 때 이 업무는 몇 시까지 마무리한다는 목표를 가져야 한다. 마감에 맞춰 일을 할 때 초반에는 느슨해질 수 있으니 완료 일정을 철저히 시간 단위로 관리하면 효과적이다.

많은 사람들이 자신이 해야 할 일에 대해 정확히 파악하지 못했음에도 그냥 시작하는 경우가 많다. 일을 정확히 파악하지 못했다면, 충분히 파악할 수 있을 때까지 일을 시킨 사람에게 확인해야 한다.

Part 4
무한경쟁 시대,
몸값을 높여라

잘 풀릴 때가
조심할 때다

●
●
●
●
●
○

우리는 자신이 생각하고 원하는 대로 일이 진행되면 그것이 영
원할 것이라고 믿는다. 그런데 주위를 보면 소위 잘 나간다는
사람들이 곧 위기를 겪는 경우를 자주 보게 된다.

어느 직장에는 '올해의 최고 우수 인재상'이라는 제도가 있
다. 그런데 수상자들을 지켜보면 몇 가지 이상한 점이 눈에 띈
다. 엄청난 포상금을 받고 주위의 부러움을 한 몸에 사는데도
얼마 지나지 않아 회사를 관두거나 조직의 리더에서 물러나는
것이다. 그 이유를 분석해 보니, 주위 사람들의 영향이 컸다. 주
위 사람들이 그들을 경계하고 시기하거나 그를 이끌어 주던 리
더가 사업부장에서 밀려났다. 쉽게 말해 잘 나간다 싶으면 적이
생기고 결국 그 영향을 받는 것이다.

『보왕삼매론』에는 묘협 스님이 전하는 10대 애행이 나오는
데, 어려운 장애를 만났을 때 가져야 할 10가지 마음가짐을 말

한다. 이중 '일이 쉽게 되기를 바라지 마라'는 말이 있다. 일을 할 때 너무 조급한 기대를 걸거나 안일하게 결과를 예측하는 마음을 경계하는 말이다.

산을 오를 때보다 정상을 밟고 내려오는 길을 조심해야 하듯, 일이 잘 풀릴 때는 한발 뒤로 물러서서 주위를 다시 한 번 돌아봐야 한다. 노력에 비해 일이 너무 쉽게 풀리면 잠시 숨을 고르고 멈춰야 한다. 왜냐하면 이때 실수하기 쉽기 때문이다. 성공에 도취돼 앞뒤 보지 않고 행동하면 시기심을 불러일으킬 수 있다.

성공했을 때나 일이 잘 풀릴 때일수록 겸손을 추구해야 한다. 이것이 타인과 함께 살아가는 슬기로운 태도일 것이다. 명나라 관리 여곤이 수십 년 공직 생활에서 깨달은 바를 정리한 『신음어』에는 이런 내용이 있다.

> 걱정거리가 있는 사람 앞에서 즐거운 표정을 짓지 마라.
> 울고 있는 사람에게 웃는 모습을 보이지 마라.
> 실의에 빠진 사람 앞에서 의기양양한 태도를 취하지 마라.

왜 타인의 감정까지 헤아려야 하냐고 반문할지 모르지만 세상은 돌고 도는 것이다. 아무리 권력이 하늘을 찌르고 어마어마한 돈을 모은 사람도 하루아침에 나락으로 떨어지는 상황을 수 없이 보아왔다. 내가 힘들 때 나를 보살펴 주고 신경 써줄 사람은 주위에 있는 동료들뿐이다. 내가 최고라는 생각은 철저히 지양해야 한다. 『신음어』에는 또 이런 내용도 나온다.

부잣집 자식은 하루아침에 가난해지지 않는다.
매일 조금씩 가난해지는 것이다.
훌륭한 인물은 작은 득실이라도 중히 여기고,
행동을 신중히 하며 사소한 결점도 허용하지 않아야 한다.

신중하지 못한 행동 하나하나가 모이면 과오로 이어질 수 있다는 것을 명심해야 한다. 따라서 주위에 있는 모든 것들을 하찮게 대하면 안 된다. 경비원에게 함부로 대하는 것, 가게 점원에게 막말을 하는 것 등은 자신에게는 사소한 일이지만 상대에게는 큰 상처가 될 수 있다. 현재의 위치가 영원하지는 않다는 것을 명심해야 한다. 훗날 그 상대가 나에게 어떤 영향력을 행사할지 모르는 일이다.

나의 은사님은 대학에서 존경받는 노교수임에도 항상 청소하는 아주머니들과 경비원 분들에게 허리를 굽혀 인사를 하신다. 제자 중 하나는 은사님의 노모가 그에게 사탕 몇 알을 건넸을 때 아주 놀랐다고 한다. 사탕을 휴지에 곱게 싸주시면서 연신 이렇게 싸주어 미안하다는 말씀을 하셨기 때문이다. 상대를 배려하는 세심한 마음이었던 것이다.

　타인의 마음 상태와 상황을 전혀 고려하지 않고 내 감정만 내세우는 태도는 버려야 한다. 내가 승진한 것은 누군가가 탈락했기 때문이다. 나의 승리가 더욱 빛나려면 패자를 보듬는 아량을 보여주어야 한다.

최후의 승자는
현장을 떠나지 않는다

100세 시대라는 말이 이제는 낯설지 않다. 여기저기서 인생 2막을 준비해야 한다고들 난리다. 특히 직장인들에게 이것은 심각한 문제로 다가온다. 지금까지 열심히 살아왔는데 또 다시 열심히 살 준비를 하라는 것이다. 그것도 직장에서는 쫓아내면서 말이다.

대기업 임원들은 퇴임 후 비행기 표 하나 예약할 줄 모른다고 한다. 모든 걸 비서가 알아서 해주었기 때문이다. 그러나 자신의 배경이 사라지고 나면 모든 것을 혼자 해결해야 한다.

연말 인사 시즌이 되면 특히 임원들이 마음을 졸인다. 계약직으로 있는 그들은 많은 권한을 갖고 있지만 또한 쉽게 해고될 수 있는 위치이기 때문이다. 토사구팽兎死狗烹. 토끼를 잡고 나면 토끼 잡던 사냥개는 잡아먹히게 된다는 말이다. 인사 시즌이 지나고 나면 술자리에서 이런 넋두리를 듣곤 한다.

"내가 회사를 위해 얼마나 열심히 일했는데 이제 와서
나를 잘라?"

인사는 회사 내 정치적 요인이 많이 작용하는 것도 사실이
다. 좀 억울하게 임원에서 낙마하기도 한다. 하지만 면직을 당하
는 임원, 팀장들을 보면 조직의 발전 속도를 따라가지 못한 경
우가 많다. 아직도 일부 상사들은 윗사람과 인맥을 만들거나 아
랫사람을 다그쳐서 성과를 내는 행태를 지속하고 있다. 변화에
적극적으로 준비하지 않고 현재에만 집중하는 것이다. 그러다
어느 순간 조직에서 내쫓기는 신세를 면치 못하게 된다.

직장에서 오랫동안 자리를 보전하기 위해서는 업무 현장
을 쉽게 떠나서는 안 된다. 일찌감치 실무를 떠나 관리자 모드
로 전환하면 그만큼 운신의 폭이 좁아진다. 팀장의 자리에 있더
라도 실무 지식을 계속 보유하고 향상시켜야 한다. 그래야 어느
날 갑자기 팀장이 아닌 팀원으로 돌아간다 하더라도 다시금 일
을 할 수 있다.

젊은 친구들과의 경쟁에서 이기기는 힘들지만 그들에게 나
의 경험을 전달해 주기 위해서는 현장의 흐름을 끊임없이 살피
고 있어야 한다. 최후의 승자는 끊임없이 현장을 지키고 새로운
변화를 모색하는 사람이다.

업무 역량 넓히기

●
●
●
●
●

현실에 만족하고 더 이상의 발전을 추구하지 않는 사람들이 있다. 인간은 본래 새로운 시작을 두려워하고 변화보다 현실에서 안정을 취하길 선호한다.

'가만히 있으면 중간은 간다'는 말이 있다. 하던 일을 묵묵히 하고 있으면 중간은 간다는 뜻이다. 괜히 새로운 일을 진행하다 잘못되면 오히려 비난받을 수 있기 때문에 하고 있는 일에만 집중하자는 것이다.

회의에서 뭔가 새로운 아이디어를 내는 사람이 있다고 하자. 그러면 조용히 앉아 있던 사람들이 그 내용에 대해 이야기를 시작한다. 아이디어와 발언자에 대해 비난을 하기도 한다. 새로운 개선 방향을 제시했는데 그를 향해 화살을 퍼붓는 격이다.

반면 아무 말도 하지 않고 가만히 있던 직원에게는 어느 누구도 비난을 하지 않는다. 특별히 주목을 받지는 못하지만 집중 비난의 대상이 되지는 않는다. 심리학자이자 행동경제학자인 아모스 트버스키와 대니얼 카너먼는 이러한 현상을 '손실회피 경향'이라고 설명했다. 이 개념은 투자심리 게임을 설명할 때 유용하다.

이기면 십만 원을 벌고, 지면 오만 원을 잃는 게임이 있다고 할 때, 사람들은 이런 게임을 하지 않으려 한다는 것이다. 십만 원의 이익보다 오만 원의 손실이 크게 느껴지기 때문이다. 경제학자들은 기대이익이 더 크기 때문에 이 게임을 해야 한다고 주장하지만, 사람들은 손실회피 심리 때문에 다른 선택을 한다.

직장에서 이러한 행동 경향이 나타나면 더 이상 발전을 가져오지 못해 개인과 조직에 큰 손실이 아닐 수 없다. 실제로 이러한 현실회피 행동은 자신에게 마이너스가 된다. 왜냐하면 이제 사회는 개인 역량 평가를 중요시하며 은퇴 후 더욱 긴 인생이 기다리고 있기 때문이다.

김 부장은 15년이 넘게 한 가지 직무만 진행, 회사에서 나름 그 분야 전문가로 알려져 왔다. 따라서 다른 업무에는 관심도 없고 새로운 업무를 시도해 보려고도 하지 않았다. 그런데 세월이 흐르면서 그가 하던 업무는 진입 장벽이 낮아지는 경향을 보였다. 초기에는 전문성이 요구됐지만 어느 정도 표준화가 이루어지고 업무 노하우가 공개돼 누구나 쉽게 수행할 수 있는 업무가 된 것이다. 김 부장은 점점 남들도 쉽게 할 수 있는 업무를 기계적으로 수행하는 나이 많은 상사로 전락해갔다.

반면 최 부장은 이러한 위기를 예견하고 새로운 업무에 서서히 발을 들여놓고 있었다. 그 업무는 그가 수행하던 기존 업무와 유사하지만 진입 장벽도 높고 나이 든 사람에게 더 유리한 일이었다. 오랜 경험을 바탕으로 한 컨설팅 역량이 필요한 전문 업무였으므로 신규 인력이 쉽게 맡을 수 있는 일이 아니었던 것이다.

초반에 최 부장은 새로운 업무를 익히느라 여간 고생한 것이 아니었다. 나이 어린 동료에게 핀잔도 듣고 심지어 모욕감을 느끼기도 했다. 그러나 최 부장에게는 기존 업무 수행 역량 외 또 다른 직무를 수행할 수 있다는 브랜드가 형성됐다.

회사에서 최 부장을 찾는 횟수는 많아졌지만 김 부장은 업무가 줄어들었다. 업무에 대한 인력 소요가 발생해도 나이 많은 김 부장보다 젊은 직원을 요청했다. 일을 시키기도 편하고 업무 속도도 신입 사원들이 앞선다는 이유에서다.

반면 최 부장의 업무는 노하우가 중요하므로 지속적인 인력 요청이 있었다. 젊은 직원들이 수행한 산출물과는 그 깊이가 다르다는 이유에서다. 해외 유학을 하고 온 컨설턴트보다 이 분야에서의 컨설팅 역량이 뛰어나다는 평가였다. 최 부장은 자신만의 컨설팅 프레임워크와 그동안 쌓아온 업무 지식, 경험을 토대로 고객지향적 컨설팅을 수행했는데 이러한 점이 주위로부터 좋은 평가를 받았다.

우리는 이런 사례를 통해, 자신의 새로운 브랜드를 지속적으로 형성해 나가야 한다는 사실을 깨닫게 된다. 그렇다면 기존에 수행하던 업무에 신규 업무 스킬까지 확보하려면 어떻게 해야 할까?

나의 업무 영역을 고민하라

『임제록』에서 당나라 임제 선사는 "수처작주 입처개진隨處作主立處皆眞"이라 말했다. '처해 있는 곳에 따라 주인이 돼라. 그러면 서 있는 모든 곳이 참될 것이다'는 의미이다. 조직에서 어떤 일을 맡아도 주인의식을 갖고 사명감과 책임감을 다하면 내가 현재 위치한 곳이 진리가 된다는 뜻으로 해석된다.

일의 성격과 직책을 가리지 말고 최선을 다하라는 것은 맞는 말이다. 하지만 회사가 어려워지면 개개인의 직무에 대한 파악이 들어간다. 과연 그가 그 직급을 갖고 그 연봉을 받으며 그 업무를 하는 것이 맞는지 말이다. 그리고 비용을 줄일 수 있는 인력으로 대체할 수 없을지 고민하게 된다.

낮은 직급일 때 아무 거리낌 없이 하던 일이 나이든 부장에게는 부적절할 수 있다. 그런 일을 할 거라면 왜 그렇게 많은 월급을 지급해야 하는지 직장 내 시선이 곱지 않기 때문이다. 낮은 임금의 신입 인력을 활용하거나 외부에 아웃소싱하는 편이 비용을 줄일 수 있다. 물론 부장의 경험이 더 많기 때문에 품질 향상과 문제 해결 역량은 뛰어나다고 할 수 있지만 이러한 비계량화 요소로 부장에게 그러한 업무를 수행하게 하는 것은 부담이 아닐 수 없다. 특히 회사가 구조조정 부담을 안게 되는 불경기라면 충분히 제기될 수 있는 문제이다.

언젠가는 나의 업무에서 손을 떼야 할 시기가 온다. 그러면 어떻게 해야 회사에 필요한 존재로 남을 것인가? 바로 나만이 할 수 있는 업무를 지속적으로 찾아 회사에서 가치를 인정받아야 한다. 이러한 새로운 업무는 하루아침에 찾을 수 있는 것이 아니다. 지금부터 주위를 둘러보면서 가치를 제공할 수 있는 나만의 업무 영역을 지속적으로 발굴해야 한다. 그리고 업무 영역에 대한 전문성과 진입 장벽을 확보해야 한다.

자신의 브랜드를 키워라

"김 부장은 OO 영역에서는 정말 전문가야."

이런 소릴 자주 듣는다면 한 분야의 전문가로서 브랜드를 형성하고 있는 것이다. 하지만 다음과 같은 평가가 있다면 자신의 역량 확장에 대해 고민해 봐야 한다.

> "이번 프로젝트 □□ 업무에 인력이 필요한데 투입할 인력이 없네. 현재 가용할 인력은 김 부장뿐인데 그는 이 업무를 수행해 본 경험이 없고. 어떻게 하지?"

김 부장의 브랜드 가치는 OO 업무에만 한정돼 있기 때문에 현재 회사가 필요로 하는 다른 업무는 수행할 수 없는 인력으로 인식되고 있는 것이다. 만약 그가 수행하던 직무마저 없어진다면 회사를 떠나야 할 것이다. 반면 다양한 직무를 수행할 역량이 있으면 구조조정 시기에도 퇴출될 확률은 현저히 떨어질 것이다.

이제는 급속한 IT시스템의 도입으로 예전에는 누군가가 도맡아 하던 업무가 점점 사라져 가는 경우가 많다. 창의성 및 문제 해결 역량 등 특정 스킬과 역량이 필요치 않은 업무는 항상 구조조정의 타깃이 된다는 점을 생각해봐야 한다. 따라서 한 분야가 아닌 다른 분야를 맡겨도 수행할 수 있는 역량을 갖춰야 한다. 두 명 채용할 것을 한 명으로 갈음할 수 있다면 기업은 당연히 그 인력을 채용할 것이다. 다양한 분야의 역량을 갖춘 인

력으로 자리매김할 수 있도록 자신의 브랜드 가치를 확장시켜
야 한다.

다만 여기서 간과하지 말 것은 다양한 업무 분야의 역량을
갖추었다는 것은 업무를 조금씩 다룰 수 있는 정도가 아니라 일
을 직접 수행할 수 있는 충분한 역량을 갖췄다는 것을 의미한다
는 점이다. 또한 충분한 경험도 있어야 한다.

다른 업무에도 관심을 가져라

회사를 오랫동안 다닌 직장인들은 자기가 하고 있던 직무에
서 조금만 벗어나도 일을 하지 않으려 한다. 새로운 업무가 부
과되면 그것은 자신이 할 일이 아니라고 강력히 거부한다. 이런
기회가 자신의 역량과 회사에서의 입지를 더 강화시킬 좋은 기
회라는 점을 인지하지 못한다.

타 부서 업무, 해보지 않았던 업무에도 지속적인 관심을 가
져야 한다. 그리고 그런 일이 주어졌을 때 과감히 수행하려는
적극적인 자세를 취해야 한다. 어찌 보면 자신에게 큰 기회를
준 것이기 때문이다.

물론 초반에는 익숙하지 않은 업무로 인해 힘들겠지만, 향후
이런 업무를 직접 찾아서 하려 해도 기회가 쉽게 주어지지 않는
다는 사실을 알고 기회가 왔을 때 적극적으로 잡아야 한다.

기회가 될 때 익혀두라

지금 하는 일이 아닌 다른 업무도 관심을 갖고 기회가 주어지면 배우는 기회를 가져야 한다. 상사에게 부탁해서 새로운 업무를 해보겠다고 제안할 필요도 있다. 만약 새로운 업무 수행 기회가 오면 팀장은 적극적으로 그 업무를 부여해 줄 것이다.

과감히 신규 업무에 자원하여 역량을 키울 수 있는 기회를 가지는 것도 좋다. 초기에는 역량을 갖춘 인력에게 실무 교육(On-the-job training, OJT)을 받으며 업무를 익히는 것이 도움이 된다. 그래야 정확한 업무 수행 방법을 알 수 있으며 숙련되는 시간도 절약되기 때문이다.

타인의 시선을 무시하는
어리석음

연말이 되면 회사에서는 임원 승진 소문이 나돌곤 한다. 소문의 대상자는 애써 기쁜 표정을 감추기 바쁘다. 주위에 있는 사람들은 그 소문을 기정사실화하고 벌써부터 줄을 서려 노력하기도 한다.

그러나 인사는 최종 발표가 나기 전까지 많은 변수가 있다. 승진이 확실시되다가도 의사결정권자에 의해 마지막에 바뀌기도 하는 게 인사다.

두보의 시 「군불견」에는 '개관사정蓋棺事定'이라는 말이 나온다. '관 뚜껑을 덮기 전에는 아무것도 알 수 없다'는 뜻이다. 아직 확실하지도 않은 것에 일희일비하지 말라는 것이다.

아직 확실히 결정된 것이 아님에도 부화뇌동하면서 일을 그르치는 것을 자주 목격한다. 좀 더 상황을 관찰하고 대응하면 좋은 결과로 이어질 것을 한순간 잘못된 판단으로 그르치고 만다.

직장인들이 쉽게 간과하는 것 중 하나가 타인의 시선이다. 나만 잘하면 된다는 단순한 생각에 사로잡혀 있다. 그러나 직장이라는 울타리는 상당히 폐쇄적인 공간이다. 자신이 살아남기 위해 타인을 배척하는 철저한 정치 논리가 지배하는 곳이다. 특히 나의 보호막이 돼 줄 수 있는 든든한 기반이 없다면 행동을 좀 더 조심해야 한다.

회사 내에서 여론을 형성하는 인물이 있다. 이 사람의 특징은 어떤 직원에 대한 인식을 바꾸어 여론을 만들기도 한다는 것이다. 이러한 인물과의 관계에서는 더욱 신중해야 한다. 그 사람과 배척 관계가 되면 안 된다. 설사 마음에 좀 들지 않더라도 상대를 미워하는 티를 내서는 안 된다. 가급적 그의 비위를 맞출 필요도 있다.

회사가 대외적으로 언론 등에 보도하거나 외부에 공표하는 정책 등을 모두 실제인 것으로 착각하면 곤란하다. 윗사람이 공식 석상에서 하는 이야기, 외부 언론에 비친 이야기 등은 물론 회사의 방향이기도 하지만 홍보 성격이 강하기 때문이다. 그것이 진정 구성원들 모두가 인식하고 표방하는 것이 아닐 수도 있다는 점을 인식해야 한다.

"우리 회사는 자기계발에 충실한 인력을 선호합니다. 그
러니까 자격증이나 학위 등에 도전해 역량을 키우세요."

상사가 공식 석상에서 이렇게 말했다고 해보자. 이 말에는
겉으로 드러나지 않은 속뜻이 있을 수 있다.

"회사 일 열심히 하면서 자기계발도 열심히 해라. 그리고
그것을 회사를 위해 적용해라. 다만 자기계발이 업무에
영향을 끼쳐서는 안 된다."

열심히 공부해서 자격증 또는 학위를 취득한 직원이 이런 핀
잔을 들을 수도 있다.

"우선 축하하네. 자네는 동료들에게 고마워해야 하네. 자
격증 취득하느라 회사 일 등한시할 때 동료들이 희생했
으니."

또한 축하해주는 동료들 틈에서 이렇게 비아냥거리는 사람
이 있을지도 모른다.

"나는 뭐 공부할 줄 몰라서 안 했나? 일하면서 어떻게
자격증을 땄지? 뺀질대고 맨날 일찍 퇴근하더니 열심히
딴짓을 했군. 열심히 일만 한 내가 바보지."

행동주의 경제학에서 나온 '사후확신편향'라는 이론이 있다. 어떤 일의 결과를 알고 나면 그 일이 일어나리라는 것을 처음부터 알고 있던 것처럼 믿는 인지적 편향을 일컫는다.

가령 어떤 회사가 일을 진행하며 큰 문제에 부딪혔다고 해보자. 상사는 문제의 원인을 파악 중이었는데 마침 담당 직원이 야간 대학원에 다니고 있다는 사실을 알았다. 이때 그 직원이 학업에 집중하느라 회사 일을 제대로 하지 않아 문제가 생긴 것이라고 단정하는 것을 말한다. 이 같은 편견을 미연에 방지하기 위해서는 자기계발을 할 때 외부에 알리지 말고 조용히 진행하는 것이 좋다. 사람은 결코 자기보다 우월한 사람을 좋아하지 않는다. 앞에서는 상대방을 치켜세우고 실력을 인정하다가도 돌아서면 폄훼하고 비방하는 것이 일반적이다.

그럼, 어떤 태도로 자기계발을 하며 미래를 설계할 것인가? 즐기려는 태도가 중요하다. 『논어』「옹야편」에는 '알기만 하는 사람은 좋아하는 사람만 못하고, 좋아하는 사람은 즐기는 사람보다 못하다'는 '지지자 불여호지자 호지자 불여락지자知之者 不如好之者 好之者 不如樂之者'라는 말이 나온다. 현실을 즐기되 미래를 준비하는 마음가짐이야말로, 변화무쌍한 세상에서 우리가 취할 행동 지침이다.

다만, 일의 주부가 바뀌어서는 안 된다. 본연의 업무가 우선이고 자기계발은 부차적인 것이므로 자기계발로 인해 업무에 지장을 주어서는 안 된다.

이렇게 아까운 출퇴근 시간에

· · · · · ·

당나라 시인 이백이 학문을 그만두고 집으로 돌아가는 길에 도끼를 갈고 있는 노파를 만났다. 이를 궁금히 여긴 이백이 물었더니, 노파는 바늘을 만들고 있다고 대답했다. 도끼를 갈아 어느 세월에 바늘을 만들겠냐고 묻자 노인은 이렇게 말했다.

"도끼도 갈다 보면 언젠가 바늘이 되지 않겠나."

여기서 유래된 고사성어가 마부위침磨斧爲針이다. 끊임없는 노력과 인내가 쌓여 나중에 큰 성공을 이룬다는 말이다.

직장인들은 출퇴근에 많은 시간은 허비하고 있다. 취업포털 잡코리아가 조사한 결과, 서울 거주 직장인의 출퇴근 시간이 134분으로 나타났다고 한다. 2시간이 넘는 시간으로, 8시간을 근무하기 위해 근무 시간의 약 30퍼센트에 해당하는 시간을 길에 쏟고 있다는 것이다. 이 출퇴근 시간은 교통체증, 주거비용 상승 등으로 지속적으로 증가할 것으로 예상된다.

이렇게 아까운 시간을 어떻게 활용하느냐가 직장인들에게 중요한 과제가 되고 있다. 힘들고 지친 직장인들에게 '이 시간마저 뭘 하라는 것이냐'며 반감이 들 수도 있지만, 현재에 안주하지 않고 성장하려면 이 시간을 활용하는 방안을 강구해야 한다.

삶을 살찌울 책을 읽어라

현대인들은 매체 환경의 변화로 긴 글을 읽지 않으려는 경향이 있다. 스마트폰으로 짧은 글만 읽다 보니 체계적으로 구성된 장문의 문서 읽기를 꺼려 하는 것이다. 그러나 깊이 있는 지식을 얻기 위해서는 체계적으로 구성된 책이나 문서를 읽는 것이 필수적이다.

무료한 시간을 때우기 위해 스마트폰에 집중하기보다는 읽고 싶은 책을 읽으며 지식을 폭 넓게 확장해야 한다. 출퇴근 시간에 책 읽기를 습관화한다면 산술적으로도 엄청난 양의 독서를 할 수 있다. 2017년 문화체육관광부가 발표한 '국민독서실태조사' 결과에 따르면 우리나라 성인 10명 중 4명은 1년에 책을 한 권도 읽지 않는 것으로 나타났다. 충격적인 실태다. 절대적으로 시간이 부족한 직장인들은 출퇴근 시간에라도 책 읽는 습관을 가져야 한다.

책을 읽기 어려운 상황이라면 오디오북을 듣는 것도 대안이다. 오디오북은 쉽게 접할 수 있고 콘텐츠도 많이 보급되어 있다. 적은 비용으로 구매할 수 있으니 다양한 경로를 통해 적극 활용해 볼 만하다.

자기계발을 위한 동영상을 시청하라

요즘에는 양질의 영상 콘텐츠를 인터넷을 통해 쉽게, 때로는 무료로 접할 수 있다. 대표적으로 유튜브를 꼽을 수 있는데, 학습하고자 하는 분야를 선정하여 시청하면 좋은 학습 도구로 손색이 없다.

좀 더 욕심을 부린다면 온라인 공개수업 무크(Massive Open Online Course, MOOC)를 통해 해외 유명 대학이 제공하는 양질의 콘텐츠로 좀 더 심화된 학습을 할 수도 있다. 요즘은 국내에도 무크와 유사한 학습 콘텐츠 제공 기관이 많이 있다.

돈이 없고 시간이 없어서 공부를 못 한다는 평계는 이제 통하지 않는다. 자기계발을 위한 콘텐츠를 찾아서 지속적으로 공부해야 한다.

관심 분야 팟캐스트를 청취하라

최근에는 팟캐스트를 통해 좋은 콘텐츠가 꾸준히 개발되고 있다. 따라서 자신의 삶을 살찌울 수 있는 분야의 콘텐츠를 선정해 꾸준히 청취하면 도움이 될 것이다.

이때 유의할 것은 팟캐스트 콘텐츠 중 소모성 콘텐츠는 지양해야 한다. 시간 때우기 용도로 가십성 콘텐츠를 청취할 수도 있지만 그런 것들만 탐닉하다 보면 남는 것이 없다는 것을 느낄 수 있다. 그보다는 자기계발을 위한 콘텐츠를 선정해서 지속적으로 들어야 한다.

청취한 내용을 간략히 정리해 자신의 것으로 만드는 것도 좋다. 우리의 뇌는 금세 잊어버리기 때문에 기억의 손실을 막기 위한 최소한의 장치를 마련해 주어야 한다.

명상을 즐겨라

출퇴근 시간에 여러 환경적인 요인으로 자기계발을 할 수 없다면 대신 명상에 빠져보는 것도 하나의 방법이다. 조용한 명상 음악을 들으면서 바깥 경치를 감상하고 잠시 무념무상의 단계로 접어드는 것이다.

우리는 이따금 자신을 돌아보면서 마음공부를 해야 한다. 그렇지 않으면 순간순간 잘못된 판단과 시비에 말려들 수 있다. 마음을 간결히 할 수 있는 쉼표를 찍는 시간이 필요하다. 이것을 실천할 수 있는, 나만의 시간이 바로 출퇴근 시간이다.

첫인상의 함정

말콤 글래드웰이 쓴 『블링크』에는 아주 흥미로운 일화가 소개돼 있다. 어느 박물관에서 로마 조각상을 구매하려 했다. 그런데 모든 과학적 기법을 동원한 연구자들이 로마시대 작품이 맞다고 판정했는데도, 고미술 전문가들은 그 작품을 보자마자 위조품이라고 주장했다는 것이다. 결국 이 조각상은 모조품일 가능성이 높다는 결론이 나왔다. 이렇듯, 첫인상은 무시 못 할 중요한 요소이다.

몇 년 전까지만 해도 불친절하고 맛도 없으면서 비싼 음식점으로 고속도로 휴게소 음식점이 자주 거론됐다. 항상 TV 고발 프로그램의 단골 손님이었다. 고속도로 휴게소는 왜 그렇게 운영되었을까?

휴게소 음식점은 고속도로를 지나면서 잠시 들르는 손님들에게 군이 공을 들일 필요가 없었다. 언제 다시 올지도 모르는 손님이므로 대충 음식을 제공하고 바가지를 씌우는 것이 그들의 판매 전략이었다. 그런데 최근 모 TV 프로그램에서 여자 개그맨이 고속도로 휴게소 맛집을 소개하면서 대박을 쳤다. 최근에는 SNS를 타고 고속도로 맛집들이 하나둘씩 급부상하고 있다. 한두 번 들른 '뜨내기손님'이 소개한 이 식당들이 유명세를 치르게 된 것이다. 이제는 모든 손님이 홍보 요원이 될 수 있다는 사실을 보여주는 극명한 사례이다.

우리는 사람들에게 어떤 인상을 줄 것인지 고민해야 한다. 특별한 계기가 없는 한 잠깐의 만남 동안 박힌 인상이 그의 모습으로 고정될 것이기 때문이다. 그리고 그 인상은 사람들 사이에서 나에 대한 평판으로 오랫동안 자리 잡을 가능성이 높다.

따라서 이제는 잠시 만나는 사람에게도 공을 들여야 한다. 잠시 회의를 하고 오랫동안 만나지 않았던 사람을 떠올려 보자. 그에 대한 인상은 미팅 장소에서 그가 보여준 행동으로 남을 것이고, 누군가 그를 거론할 때 당신은 그때의 이미지로 그를 대변할 것이기 때문이다.

"고집이 세더군요. 좀처럼 자신의 의견을 굽히지 않았죠."
"인상이 무서웠어요. 화가 난 듯한 모습이었어요."

"조용한 스타일이었어요. 가만히 앉아만 있더군요."

그날 그에게 다른 이유가 있어 이러한 인상을 남긴 것이라도, 사람은 그 첫인상으로만 기억되기 마련이다. 그럼 다른 사람들에게 좋은 첫인상을 심어주려면 어떻게 해야 할까?

정체성을 보여주라

겸손하면서도 자신이 갖고 있는 지식과 경험, 역량을 충분히 보여줘야 한다. 자신의 전문 분야에 대해 통찰력을 제시해 주면, 타인들에게 한 명의 전문가로 남을 것이다. 이때 중요한 것은 분명한 '킬링 메시지'를 던져야 한다는 점이다.

남들도 다 아는 흔한 정보가 아니라 내공이 담긴 한마디를 제시해주는 것이다. 따라서 사전에 충분한 준비가 요구된다. 전문가들의 회의에 참석하는 경우라면, 사전에 충분히 의제를 확인하고 자료를 정리한 뒤 참석해야 한다. 정확한 데이터에 기반하지 않은 발언을 한다거나, 주제와 동떨어진 내용을 이야기함으로써 전문가로서 위신이 떨어지는 것을 막을 수 있다.

나의 지식과 경험을 정확히 제시함으로써 나의 브랜드를 명확히 심어주어야 한다. 단, 너무 떠벌리는 인상을 주면 안 된다. 자칫 잘난 척한다는 나쁜 인상을 심어줄 수 있기 때문이다.

겸손의 힘

타인의 의견을 존중하고 나와 다름을 인정해줘야 한다. 첫 만남에서 자신을 어필하겠다고 너무 강경한 태도를 보이면 자기주장만 하는 사람으로 낙인찍힐 수 있다. 또한 타인에 대한 배려 없이 무례하게 행동했다면 상대방은 항상 그 모습을 떠올리게 될 것이다.

첫 만남에서는 겸손하고 타인을 배려하는 모습을 잃지 말아야 한다. 그러나 자신을 너무 낮추어서는 안 된다. 자칫 개성 없는 평범한 인물로 각인되어 나의 실력을 제대로 평가받지 못할 수 있기 때문이다.

온화한 미소로 대하라

상대에게 편안한 감정을 주도록 행동해야 한다. 그리고 상대의 말과 행동을 자주 칭찬해주어 상대의 호감을 얻어야 한다. 언짢은 일이 있어 첫 만남에서 인상을 찌푸리고 상대방에게도 퉁명스럽게 대했다고 하자. 그러면 그런 행동이 그 사람의 첫인상이 된다. 오늘 기분이 좋지 않은 모양이라고 이해해 주는 사람은 없다.

항상 웃는 얼굴로 '신바람 열풍'을 일으켰던 황수관 박사가 강의에서 한 이야기가 떠오른다.

"거울로 내 얼굴을 보고 있는데, 이건 산적 중의 산적인 거예요. 너무 놀랐죠. 그래서 꾸준히 웃는 연습을 했더니, 결국 이렇게 웃음 전도사가 됐습니다."

우리는 수많은 사람들과 만난다. 그럴 때마다 첫 만남을 소중히 생각하고 가장 좋은 인상을 심어주려 노력해야 한다. 상대는 나의 첫인상을 평생 기억하고 살 것이기 때문이다.

이직 사유 1위,
상사나 동료 관계

직장생활을 하다보면 몇 번이나 이직을 고민하게 된다. 최근 직
장인을 대상으로 한 조사에서 69.7%가 현재 직장에 불만족하고
있는 것으로 나타났다. 그 이유로는, 연봉 수준에 대한 불만이
38.8%로 가장 높았고(이하 복수응답), 직장 상사에 대한 불만족
(29.2%), 업무에 대한 불만족(28.7%), 회사 복지제도에 대한 불만
족(24.4%), 근무 환경에 대한 불만족(19.3%), 기업문화에 대한 불
만족(18.8%), 동료에 대한 불만족(14.3%) 순으로 나타났다.

여기서 주목할 것은 주요 불만족 원인 중 상사나 동료 관계
에 대한 불만족이 큰 이유로 작용한다는 것이다. 그 어떤 것보
다 동료, 상사와의 관계가 이직을 고려하게 만드는 요인이 되고
있다.

그렇다면 좋은 동료 관계를 만드는 방법은 무엇일까?

타인에게도 관심을

나보다 타인을 더 존중하면 관계 문제가 발생하지 않는다. 일을 하다 보면 동료에게 정말 무관심한 사람이 많은데, 동료의 근황이나 애경사 등을 자신과 무관하다고 여기는 것이다.

동료가 최근 어렵게 학위를 취득했다고 하자. 그는 누군가 축하해 주기를 바랄 것이다. 그런데 학위 수여식이 며칠 지났는데도 동료들이 일언반구도 하지 않는다면 어떤 기분일까?

타인에게 대우를 받으려면 나도 타인을 대우해 주어야 한다. 보기 싫은 동료, 상사라도 가끔씩 따뜻한 말 한마디와 관심을 표현해 보라. 설령 마음에 없는 소리라 하더라도. 그러면 그도 나에게 다가올 것이다.

필요한 것을 필요한 시점에 제공하라

최근 많은 회사가 직원들의 사기를 올려주기 위해 포상 제도를 운영한다. 그런데 부작용이 발생하기도 한다. 정기적으로 포상을 해야 하기 때문에 적절치 못한 성과에도 포상이 주어지는 것이다. 포상을 주는 사람도 받는 사람도 납득이 되지 않는 포상이다. 이는 다른 직원들의 사기를 꺾고 직원들 간에 불신의 벽을 만드는 행태다.

무분별한 포상보다는 직원에게 개인적인 문제가 생겼을 때 상사가 따뜻한 말 한마디, 조그만 상여금이라도 제공한다면 직원에게 안정감을 줄 수 있을 것이다. 이렇듯 직장 동료에게 늘 관심을 가져주되, 관심을 주어야 할 때를 가려야 한다.

'시우時雨'라는 말이 있다. 적절한 때 비가 와야지 아무 때나 온다고 반가운 일이 아니라는 것이다. 지나친 관심을 보이거나 부적절한 시점에 보이는 관심은 오히려 독이 될 수 있다는 점을 알아야 한다.

경청하되 해결책은 제시하지 마라

후배가 인사고과 평가에서 최하위 점수를 받고 고민을 털어놓은 적이 있었다. 그는 어떻게 하면 좋겠냐고 조언을 구했다. 그는 억울하다고 언성을 높이다가 앞으로 이렇게 하면 좋을 것 같다고 말하는 등 여러 가지 내용을 이야기했다.

나는 가끔 그의 말에 동조하는 것 외에 듣기만 했을 뿐 어떠한 해결책도 제시하지 않았다. 그런데 대화 말미에 놀라운 일이 일어났다. 그가 해결 방법을 찾았다고 말하는 것이다. 만약 내가 이의제기를 하라는 등 뭔가를 제시했다면 그는 해결책을 찾지 못했을 것이다. 경청은 이렇듯 중요하다.

우연한 기회에 그가 다른 선배에게 조언을 구하는 자리에 나도 같이 있었다. 나에게 했던 질문과 똑같이 인사고과에 대한 이야기를 나누고 있었다. 선배는 여러 가지 솔루션을 제시했다. 가끔은 후배의 잘못된 점도 지적하면서 말이다. 귀갓길에 나와 단둘이 술잔을 좀 더 기울였던 후배는 이런 말을 남기고 집으로 돌아갔다.

"그래도 선배님과 이야기하니까 해결책이 보이는 것
같아요. 제 이야기를 잘 들어주시니까 힘이 됩니다."

적을 만들지 마라

직장생활을 하다 보면 나를 힘들게 하던 옆 팀원이 하루아침에 같은 팀이 되기도 하고 나와 같이 일하던 동료가 팀장이 되기도 한다.

우리는 급변하는 시대에 살고 있으며 기업은 이러한 시대 조류에 적응하기 위해 빠르게 조직을 바꾸기도 한다. 따라서 조직에서 절대 적을 만들지 말아야 한다. 적을 만들면 언젠가 그가 나에게 해를 끼칠 수 있기 때문이다.

『채근담』「내저설」에는 다음과 같은 이야기가 나온다.

제나라 이사가 술에 취해 문지방에 서 있는데 남루한
문지기가 먹을거리를 요청했다. 그러나 그는 문지기에게
모욕감을 주고 물리쳤다. 다음 날 문지방에 물기가 있는 것을 보고 왕이 그 연유를 묻자 문지기가 이렇게 말했다.

"잘은 모르겠습니다만, 어제 술 취한 이사가 문지방에 서 있는 것을 보았습니다."

왕은 이사가 그곳에 소변을 본 것으로 오해하고 궁궐을 더럽히고 왕을 욕보인 죄로 이사를 처형했다.

최근에는 직장에서 평판 조사를 많이 한다. 경력사원 채용 시 평판 조사를 하는 기업도 심심치 않게 볼 수 있다. 직장에서 인간 관계의 중요성이 점점 커지는 것을 방증한다.

내가 타인을 함부로 대하지 않았는지, 그로 인해 누군가 상처받고 나를 미워하지는 않는지 확인해 봐야 한다. 나도 누군가에 의해 나락으로 떨어질 수도 있고 죽음에서 살아남을 수도 있다. 인생은 마라톤과 같고 우리의 삶은 타인과의 지속적인 연결망 속에 있기 때문이다.

항상 남을 배려하고 나의 공을 남에게 돌리는 태도가 필요하다. 『채근담』에서는 좋은 이름과 아름다운 지조를 혼자만 차지하지 말라고 했다. 이를 남에게도 나누어 주어야 재앙을 멀리하고 보전할 수 있다는 것이다. 모든 공을 혼자 취하려 하면 주위 사람들의 시기를 사게 된다. 내가 얻은 것이 있으면 타인에게도 공을 돌리고 하다못해 식사라도 한번 사야 한다.

분노를 조절하라

때로는 동료들끼리 언쟁이 벌어지기도 한다. 이때는 최대한 분노를 조절해서 관계가 악화되는 것을 방지해야 한다.

볼프강 스타이널 등 네덜란드 학자들이 「성격 및 사회심리학 저널Journal of Personality and Social Psychology」에 발표한 연구 결과에 따르면, 화가 난 상태로 협상에 임하면 상대에게 속아 넘어가기 쉽고 훨씬 불리한 결과를 얻게 된다고 한다.

화가 나면 변연계가 활성화되어 그 원인을 제거하기 위해 뇌가 바쁘게 움직이는데, 그러다 보면 외부 정보를 잘못 인식하거나 중요한 정보를 놓칠 가능성이 커진다. 특별한 위협이 없어도 위협을 느낄 수 있고 언제든 화낼 준비를 한다. 이 상태에서는 전두엽이 제 기능을 못 하기 때문에 상대방의 협상 전략이나 의도를 파악하기 어려워진다는 것이다.

그런데 이때 나오는 '분노 호르몬'이 지속되는 시간은 길어야 15초에 불과하다. 15초가 지나면 신체의 길항작용에 의해 화를 누그러뜨리고 긴장을 이완시키는 호르몬이 분비돼 다시 평온한 감정 상태로 돌아간다. 이처럼 짧은 시간을 참지 못해 화를 내거나 악의에 찬 말을 쏟아내 조직의 분위기를 해치고 업무 성과에까지 영향을 미친다면 얼마나 어리석은 일인가?

가짜뉴스를 잡아라

오해는 어떤 사실을 정확히 확인하기 전 상상만으로 잘못된 스토리텔링을 만들어가는 것이다. 그래서 오해는 상대방은 물론 자신까지도 힘들게 한다.

인간의 고민은 사건 자체보다 그것을 받아들이는 방식에 의해 새롭게 인식된다는 ABC이론이 있다. 미국 심리학자 앨버트 엘리스가 주창한 이 이론은 일어나는 일(Activating event)은 신념(Belief)에 의해 결과(Consequence event)가 바뀌는 것으로, A는 C의 발생을 직접적으로 초래하지 않으며 중간에 있는 B의 작용을 통해 일어난다고 본다. 즉 받아들이는 방식을 바꾸면 고민이 사라진다는 것이다. 유명한 정신분석가 칼 메닝거도 "사실보다 태도가 중요하다."라고 말한 바 있다.

직장에서도 잘못된 스토리텔링으로 인해 괜한 걱정을 하는 경우가 많다. 출근길에 동료에게 인사를 했는데 그 사람은 그냥 지나갔다고 해보자. 이때 이 상황을 두고 다른 스토리가 만들어진다. 그가 나를 무시했다며 며칠 전부터 나를 대하는 태도가 차갑고 거만했다고 지나간 기억까지 끄집어낸다. 그러나 이것은 사실과 다를 수 있다. 그가 항상 착용하던 렌즈를 놓고 왔거나 다른 생각에 골똘한 나머지 나를 못 보고 지나갔을 수도 있다.

우리는 자신의 스토리텔링이 왜곡되지 않도록 조심해야 한다. 특히 타인의 시선에 대한 자기만의 해석을 경계해야 한다. 타인의 시선에 너무 무감각해서도 안 되지만 그렇다고 상대방의 모든 행동을 너무 민감하게 받아들인다면 삶이 힘들어질 수 있다. 때로는 타인의 시선으로부터 자유로워질 필요가 있다.

또한 타인의 스토리텔링이 왜곡되는 것도 막아야 한다. 즉 남에게 오해받을 짓은 하지 말아야 한다는 것이다. 남이야 어떻게 생각하든 나는 내가 생각하는 방향대로만 갈 테니, 부딪힐 것 같으면 당신이 피하라는 식의 태도다. 이런 행동은 집단생활을 하는 직장에서는 문제가 될 수가 있다.

은퇴하고 만나도
반가운 사람

예전 유행어 중에 '있을 때 잘해'라는 말이 있다. 베풀 수 있을 때, 소위 말하는 '잘 나갈 때' 남에게 잘해야 한다는 것이다.

순자는 있을 때 베풀지 않으면 궁할 때 받을 것이 없다는 '유이불시 궁무여야有而不施 窮無與也'라는 말을 남겼다. 잘 나가는 사람들은 다른 사람을 업신여기고 자기와 의견이 맞지 않은 사람을 괴롭히는 경향이 있다. 최근 사회적 이슈가 되는 '갑질'도 그런 현상이라 볼 수 있다.

인터넷에서 이런 내용을 봤다. 정년퇴직하고 서울 한복판에서 옛 직장 후배를 만났는데 자신을 보고 그냥 지나치더란다. 분명 눈이 마주쳤는데 피하듯 지나간 것이다. 직장을 떠난 지 얼마 되지 않아 자신을 못 알아볼 턱이 없는데도 말이다. 순간 직장생활을 할 때 그를 좀 모질게 대했던 기억이 떠올랐다고 한다.

상사에게 좋은 감정이 없다 보니 모르는 척하는 행동이 나온 것이다. 상사는 이렇게 항변할 수도 있을 것이다. 직장생활할 때 그를 호되게 혼낸 것은 따끔한 가르침을 주고 싶어서였다고. 의도는 좋았으나 한번 생각해볼 일이다. 성인이 되어서 그것도 공개 석상에서 남에게 모욕을 당하는 것은 쉽게 잊히지 않는 일이다. 나는 그에게 도움을 주고 싶은 좋은 의도였다 하더라도 방법이 잘못됐다면 그것은 올바른 가르침이 아니다.

그럼 후배나 동료에게 절대로 지적을 하지 말라는 것인가? 아니다. 할 땐 해야 한다. 그러나 올바른 방법이라야 한다.

후배가 잘못된 행동을 하면 수정해 주어야 한다. 그래야 개인도 조직도 발전이 있다. 필자가 이야기하고 싶은 것은 상대방에게 충고나 조언을 하는 방법론에 관한 것이다. 충고나 조언이 원래 의미를 잃고 상대방을 비난하거나 경멸하는 것이 되어서는 안 된다는 의미다. 진정 어린 충고를 하고자 할 때는 적절한 방법과 매너를 지켜야 한다.

I-Message의 힘

'I-Messgae'는 상대방이 아닌 나의 관점으로 이야기하는 것이다. 보고서를 제대로 작성하지 않고 납기를 못 맞춘 후배가 있다고 하자. 이때 잘못을 강조하기보다 그의 이런 행동으로 내가 고초를 겪고 있다는 식으로 접근하는 것이 훨씬 설득력 있다.

"김 대리가 보고서를 늦게 제출해서 내가 상무님께 보고를 못했어. 오늘 아침 한 소리 들었다네. 다음부터는 보고서를 제때 제출해줬으면 하네."

이렇게 말하면 내가 왜 이렇게 화가 나 있는지 상대방도 잘 이해할 수 있을 것이다.

충고는 둘만 있는 곳에서

사람은 타인의 시선에 민감할 수밖에 없다. 상사에게 공개적으로 업무 처리가 미숙하다고 꾸지람을 받으면 이제부터 자신의 미숙함을 고쳐야겠다는 마음보다는 상사에 대한 미움만 커질 수 있다. 자신의 잘못을 알고 있더라도 그런 모습이 많은 사람 앞에 공개되면 참을 수 없는 모욕을 느끼기 때문이다.

누군가에게 조언을 하거나 잘못된 부분을 나무랄 때는 단 둘만의 장소로 자리를 옮겨 이야기해 보라. 사람들이 모여 있는 장소에서 공개적으로 잘못을 지적해서는 안 된다. 그 순간 옷이 벗겨진 채 광장에 서 있는 듯한 기분이 들기 때문이다.

충고할 내용에만 집중해서

이야기하고자 하는 본질을 흐려서는 안 된다. 지각한 직원에게 잘못을 지적하면서 예전에 잘못했던 것까지 싸잡아 나무라면 안 된다. 현재 지적하고자 하는 내용에만 집중해서 이야기해야지 과거까지 들춰낼 필요는 없다. 과거를 들추다보면 자칫 충고하려던 본래의 의도에서 벗어날 수 있고 다른 감정까지 개입될 수 있기 때문이다.

이제는 100세 시대라는 말이 새삼스럽지 않다. 그리고 직장생활 기간은 점점 짧아진다. 이런 시기에 직장에서 잠시의 이익을 누리자고 상대방을 비난한다면 이는 평생 적을 만드는 행동이 될 수 있다는 점을 기억하자.

너무 깨끗한 물에는
고기가 살지 않는다

너무나도 열정적으로 사는 사람들이 많다. 남들보다 좀 더 빠르게 움직이고 항상 새로운 것을 탐색하는 사람들이다. 비효율적인 것을 참지 못하고 완벽하지 않은 것은 항상 고치려 든다. 이러한 사람들 덕분에 우리 사회가 개선되고 변화해왔다고 믿어 의심치 않는다.

그런데 이렇게 너무 열정적인 사람들은 주위 사람들을 힘들게 할 수 있다. 시인 류시화는 『지구별 여행자』에서 과욕을 부리다 힘들어하는 사람들에게 이렇게 이야기하고 있다.

> 음식에 소금을 집어넣으면 간이 맞아 맛있게 먹을 수 있지만
> 소금에 음식을 넣으면 짜서 도저히 먹을 수가 없소
> 인간의 욕망도 마찬가지요
> 삶 속에 욕망을 넣어야지
> 욕망 속에 삶을 집어넣으면 안 되는 법이오

변화를 위해 사람들은 열심히 자신을 채찍질한다. 주위의 따가운 눈총도 개의치 않는다. 정말 칭찬받아 마땅하다.

그런데 여기서 공자가 말한 '과유불급過猶不及'의 뜻을 되새길 필요가 있다. 지나친 것은 미치지 못한 것과 같다는 뜻이다. 이러한 뜻을 실천하기 위한 조상의 지혜가 담긴 문화가 있는데 바로 '계영배戒盈杯'라는 잔이다. 술이 잔의 7할 이상 차면 옆으로 새어나가도록 만든 그릇이다. 과욕을 부리지 말라는 것을 일깨워 주기 위해 사용한 잔이라고 한다.

필자는 40대 초반부터 열심히 새로운 것을 시도해 왔다. 한 곳에 머물러 변화 없이 흘러가는 삶을 싫어했다. 그러다 보니, 타인에게도 이를 바라는 습성이 생겼다. 내가 변화하니 주위에 있는 사람들도 변하길 바랐다. 머릿속에도 후배들에게 뭔가를 가르쳐줘야겠다는 생각이 가득 차 있었다.

그런데 이러한 나의 선의가 잘 받아들여지지 않는 것을 눈치챘다. 나의 앞서가고 변화하는 모습을 응원하던 후배들도 내가 무엇을 좀 가르쳐줄라 치면 슬금슬금 자리를 피했다.

한 번은 나에게 후배에게 새로운 일을 가르치라는 과제가 주어져 하나라도 더 가르쳐주기 위해 노력했다. 그런데 가르침이 좀 과했는지 후배는 힘들어하다가 결국 타 업무로 옮겨갔다.

종교를 강권하며 타인을 불편하게 하는 사람들이 있는데, 그는 타인을 위하는 마음으로 그 종교의 실체를 전파한다고 생각한다. 그러나 상대가 한두 번 거절 의사를 비쳤음에도 계속 전도하면 그 종교와 전도자에 대한 거부감이 생기는 것처럼, 주위 사람들이 나와 같이 있기를 꺼린다면 내가 너무 지나친 게 아닌지 생각해 봐야 한다.

가르침을 받아들일 준비가 됐는지 확인하라

후배에게 업무와 관련해서 가르침을 줄 때는 그가 받아들일 준비가 돼 있는지 확인해야 한다. 가르쳐주는 내용을 잘 흡수해서 자신의 발전을 위한 발판으로 삼을 준비가 돼 있는지 말이다.

만약 그런 마음가짐이 돼 있지 않다면 굳이 가르쳐 줄 필요가 없다. 소를 강가로 데려갈 수는 있지만 물을 마실지는 소가 결정할 일이다. 앞으로 갈 길이 멀고 가다가 물 마실 곳이 없기 때문에 지금 물을 먹어야 한다고 생각할 수 있지만 강제로 먹일 수는 없는 노릇이다. 억지로 끌고 가다 뒷발질에 내가 화를 입을 수도 있다는 것을 명심하라.

수용 여부에 관여하지 마라

무언가를 가르쳤으면 그에 대한 수용 여부는 당사자의 몫이다. 어떤 선배, 상사는 자신이 가르쳐 준 것에 대해 수시로 확인한다. 왜 내가 가르쳐 준대로 하지 않느냐고 질책하는 것이다. 그러나 후배 직원은 가르침을 잘 이해하지 못했거나 수용하길 꺼려 할 수 있다.

내가 전달하는 것이 100% 완벽한 것이 아님을 알아야 한다. 후배는 나의 업무 수행 방식이 적합하지 않다고 판단할 수 있다. 따라서 무조건 나의 가르침을 따라야 한다는 아집을 버려야 한다. 나에게는 잘 맞는 방식이지만 다른 사람이 적용했을 때도 잘 맞는지 확신할 수 없기 때문이다. 타인의 방식도 겸허히 받아들일 필요가 있다.

너무 깨끗한 물에는 고기가 살지 않는다

내가 잘하고 있으면 사람들도 나를 좋아할 것이라고 생각하기 쉽다. 그러나 너무 올바른 것만 추구하면 주위 사람들에게 부담을 줄 수도 있다. 때로는 그들의 세상도 인정해 주어야 미움이나 반감을 사지 않는다.

어떤 선배 주위에는 항상 후배가 들끓었다. 그의 업무 숙련도나 인품이 그리 높이 평가받는 것도 아닌데 말이다. 그러나 자세히 살펴보면 그는 깨끗한 물속에서만 사는 물고기와 달리, 다른 물고기들과도 쉽게 동화되고 다양한 가치를 인정해 주는 사람이었다.

선배가 후배를 가르칠 책임을 방기하는 것은 아니냐고 반문할 수도 있겠다. 그러나 선배에게 가르침을 받으며 성장하는 시대는 지났다. 예전처럼 혼나 가며 일을 배우려는 직원들은 이제 극소수다. 이러한 시대의 흐름을 인정해야 한다. 이제는 성장을 도모할 수 있는 다양한 경로가 있다. 그리고 선배들의 이야기를 '꼰대의 잔소리'로 받아들이는 사회 분위기도 한몫한다.

2014년 한국생산성본부KPC가 기업과 공공기관을 대상으로 한 조사에서, 직장인은 하루 일과의 30%를 문서 작성에 보내는 것으로 나타났다. 글쓰기가 업무에서 이렇게 큰 비중을 차지하지만, 정작 직장인들의 글쓰기 능력은 그렇게 뛰어나지 않다.

신언서판身言書判이라는 말이 있다. 중국 당나라 때 관리를 등용하는 기준으로 몸, 말씨, 글씨, 판단력을 들었다는 것이다. 이 네 가지 기준 중 서書는 필적을 일컫는 말이다. 예로부터 글씨에 능하지 않으면 좋은 평가를 받지 못했다. 최근에는 디지털 기기의 발달로 필적 자체를 중요하게 생각하진 않지만, 글을 얼마나 전달력 있게 작성했느냐는 여전히 중요한 능력으로 꼽힌다.

Part 5
은퇴 후,
기회가 온다

중년에는
속도 대신 방향성을

아이들이 어릴 때는 아빠가 퇴근하면 현관문까지 뛰어나와 안기곤 했다. 아내도 나를 무척 반겨주었다. 가족들에게는 남편, 아빠의 퇴근이 아주 중요한 일정이어서, 야근이 잦거나 휴일에도 근무를 할라치면 실망하는 기색이 역력했다.

그러나 아이들의 성장과 함께 이러한 모습도 변하기 시작했다. 퇴근을 하고 들어오면 꾸벅 인사로 아빠의 귀가를 맞는다. 택배 아저씨에게 보이는 호감도보다 미미한 반응이다. 내가 들어오기 전까지 화기애애하게 재잘거리던 소리도 아빠의 출현과 함께 찬물을 끼얹은 듯 조용해진다. 어딘가 모르게 아빠에게 거리를 두는 것인가 싶다.

슬픈 현실이지만 중년을 넘어 은퇴가 다가오면서 직장과 사회 그리고 가정에서조차 역할이 점점 작아지는 것을 느낀다. 가족을 위해 열심히 달려온 남자들에게는 서글픈 현실이 아닐 수 없다. '지금까지 누구를 위해 돈 버는 기계로 살아왔는데'라고 항변해봐야 반향을 일으키기 어렵다.

이제 '100세 시대'를 살고 있다. 통계청은 '2017년 생명표'에서 한국인의 평균 기대 수명은 82.7세라고 밝혔다. 대한민국은 노령 인구 비율이 다른 사회와 비교해 현저히 높은 고령화 사회가 돼가고 있다. IT 분야의 세계적 리서치 기관 '가트너'는 2025년경에는 전체 직업의 33%가 로봇으로 대체된다고 전망한 바 있다. 호들갑이라고 치부하기엔 요즘 기술 변화의 속도가 심상치 않다.

이러한 상황이라면 우리가 갖고 있는 역량과 지금까지 준비해 온 것들로 남은 삶을 잘 살아갈 수 있을까? 그렇다면 은퇴는 어떻게 준비해야 할까? 앞으로의 인생 2막을 잘 꾸려 나가기 위해 준비할 것은 무엇일까?

속도가 아닌 방향성이 중요하다

인생 초반에는 남들보다 앞서가는 속도가 중요했다. 잘못 가도 다시 돌아올 기회가 있었다. 그러나 중년이 되면 속도보다 방향성이 중요하다. 한번 틀어진 방향은 시간이 갈수록 바로잡기가 더욱 어렵다. 그러므로 자신이 살아갈 방향을 신중하게 잡아야 한다.

끊임없이 일하라

지금부터라도 나의 기술과 역량을 키워야 한다. 그러려면 일을 손에서 놓으면 안 된다. 옛말에 일을 놓으면 쉽게 늙는다고 하지 않던가. 나이 들었다고 일을 놓는 순간 자신감 결여와 경제적 문제가 발생할 수 있다. 내가 할 수 있는 작은 일이라도 해야 한다.

자신이 해오던 일을 계속하면 좋겠지만 그것이 여의치 않다면 다른 일이라도 꾸준히 하는 것이 좋다. 이마저도 힘들다면, 재능 기부라도 하면서 자꾸 밖으로 나가야 한다. 불러주는 곳이 없다고 집에만 있으면 심리적으로도 위축되고 일할 기회가 영영 사라진다. 은퇴 후에도 끊임없이 일할 수 있도록 지금부터 차근차근 준비해 가야 한다.

자격증을 준비하라

지금까지의 경력과 실력은 회사를 떠나는 순간 나이에 묻혀버린다. 대기업에서 근무했다고 은퇴 후 중소기업에 다녔던 사람들보다 경쟁우위에 있다고 할 수 있을까? 오히려 대기업에서 한정된 업무만 하다 보니 광범위한 업무 지식이 없어 중소기업 출신보다 못한 경우가 많다고 한다.

따라서 은퇴 후에도 일을 하려면 누구나 인정해 줄 수 있는 자격증을 준비해 두어야 한다. 자격증이 있다고 일을 잘할 거라 보장하진 못하지만, 국가가 인정한 자격증은 어떤 일에 대한 기본 역량을 갖추었음을 증명하는 것이다. 자격증은 나를 보여주는 하나의 증표로서 필수적으로 준비해야 한다.

한국은퇴생활연구소 박영재 대표는 '기술 없이 퇴직한 50대 중반, 적정 몸값은 연 1400만원'이라는 글에서 우리 직장인들의 민낯을 보여주고 있다. 장기간 다녔던 직장에서 은퇴하고, 경제적 문제로 다시 일을 하거나 찾는 것을 반퇴라고 한단다. 그런데 이러한 50대 중반 반퇴자들이 가진 자격증이라고는 운전면허증이 전부라는 것이다. 심지어 이 자격증을 활용할 수 있는 업종인 택시, 대리운전은 주위의 이목 때문에 하지도 못한다. 그나마 갖고 있는 자격증조차 쓸모없는 것이다.

은퇴 후 재취업을 위해서는 지식이 아니라 기술이 필요하다. 마케팅, 품질, 경영, 재무에 대한 역량이 뛰어나다고 아무리 강조해도 그것은 지식이지 당장 업무에 적용할 기술이 아니다.

그럼 무엇을 해야 할까? 기술을 입증할 수 있는 자격증이 필요하다. 은퇴 후 무엇을 할 수 있냐고 물으면 자격증을 제시해야 한다. 예전 이력은 그리 중요치 않다. 현재 역량을 보여줘야 하기 때문이다.

인생은 어떻게 변할지 모르는 것이다. 평생 잘 나갈 것 같던 회사가 하루아침에 무너지기도 한다. 지혜롭게 준비하고 위험에 직면하는 것과 그렇지 않은 것과는 엄청난 차이가 있다.

나만의 취미를 만들자

남자들이 은퇴 후 가장 먼저 하는 것이 등산복과 등산 장비를 구입하는 것이라고 한다. 등산은 별 다른 연습이 필요 없고 누구나 쉽게 접할 수 있는 좋은 취미이기 때문이다. 그러나 등산은 비가 오거나 너무 추운 날에는 하기 어렵다는 단점이 있다.

또한 나이가 많이 들어서 하기에는 좀 어려운 운동이기도 하다. 체력이 어느 정도 뒷받침돼야 하기 때문이다. 따라서 언제나 쉽게 할 수 있는 취미를 가져야 은퇴 후 그 많은 시간과 고독에 맞설 수 있다.

그래서 필자는 일렉 기타를 배우기 시작했다. 어려서부터 밴드에서 기타 치는 내 모습을 그리곤 했는데, 작년에 흥행한 락그룹 퀸의 리더 프레디 머큐리의 삶을 다룬 영화 〈보헤미안 랩소디〉를 보면서 더 자극을 받았다. 여든의 나이에 조명 아래 백발을 휘날리면서 기타를 치는 모습은 생각만 해도 설레지 않나.

이렇게 바쁜데,
공부를 하라고?

끊임없이 공부해야 하는 시대다. 단순히 트렌드를 쫓고 업무와 관련된 책을 읽는 것만으로는 부족하다. 좀 더 실질적이고 심화된 공부를 해야 한다. 직장인들에게 공부하라고 말하면 대개 이런 반응을 보인다.

"이렇게 바쁜데 어떻게 공부하라고?"
"애들 건사하기도 힘든데 나한테 투자할 돈이 어디 있어?"
"공부는 그만큼 했으면 되지, 무슨 공부를 더 해?"

공부를 하려 할 때 가장 큰 핑곗거리는 시간이 없다는 것이다. 야근도 잦고 가정도 돌봐야 하기 때문이란다. 이해가 가지만, 한편으론 『이솝 우화』에 나오는 높은 가지에 매달린 포도를 따먹으려다가 신맛 나는 포도라며 돌아선 여우의 비겁한 변명처럼 들리기도 한다. 모든 사람이 처한 상황은 마찬가지이다. 힘들지만 어려운 상황을 헤치고 공부를 해야 한다.

그렇다면 왜 공부를 해야 할까? 마음먹고 자격증 공부나 어학공부를 시작하더라도 작심삼일이 되기 일쑤인데. 공부는 향후 어떤 어려움이 닥쳤을 때 활용할 무기가 될 수 있기 때문이다.

버크 헤지스의 『파이프라인 우화』에는 우리가 한번 생각해 볼 내용이 나온다. 멀리 떨어진 우물에서 물을 길어 살아가고 있는 사람들이 있었다. 풍족하진 않지만 살아가는 데 별 불편함은 없었다.

그런데 이렇게 열심히 물을 긷던 중 한 사람이 중간중간 우물가에서 마을까지 물길을 내는 작업을 했다. 물길을 내다 보니 물을 긷는 횟수가 적어지고 그만큼 살림살이도 어려워졌다. 주위 사람들은 한 푼이라도 더 벌려면 열심히 물을 길어야지 왜 시간을 낭비하냐고 그를 나무랐다. 그런데 세월이 흘러 물동이 장수들이 나이가 들고 물 긷는 횟수도 줄어들면서 돈벌이가 예전 같지 않았다. 일부는 몸이 쇠약해져 일을 그만두는 경우도 생겼다.

이즈음 물길을 내던 사람은 드디어 파이프라인을 완성했다. 그도 늙어서 더 이상 물을 긷지는 못하지만 파이프라인을 통해 더 많은 돈을 벌 수 있었다.

이 우화는 현재 위치에 안주하면 안 된다는 사실을 가르쳐준다. 미래를 준비하지 않으면 현재 거론되는 100세 시대는 고통의 나날일 뿐이다. 현재 사회 구조가 소득이 없는 삶을 살기에는 너무 힘들기 때문이다. 직장인들의 공부는 이제 필수적이다. 여유가 있고 여력이 생긴 다음이 아니라 바로 지금 최대한 시간을 확보해 공부해야 한다. 그래야 미래가 있다.

필자는 40대 초반 삶에 변화를 주고 미래를 준비해야겠다는 마음가짐으로 직장생활과 공부를 병행했다. 국가 기술 자격증 중에서 가장 어렵다는 기술사를 취득하고, 이후 학위 과정을 밟아 박사를 취득했다. 이렇게 치열하게 공부하는 동안 나를 가장 괴롭힌 것은 시간이었다. 바쁜 회사일에 공부까지 하려니 여간 어려운 게 아니었다.

『주역』에 '궁즉변 변즉통 통즉구窮則變 變則通 通則久'라는 말이 있다. 궁하면 통한다고, 아무리 어려움이 있어도 해결 방안이 있다는 것이다. 미래를 위해 열심히 공부하려 마음먹는다면 방법은 있다.

다음에 필자의 공부 방법을 소개하려 한다. 이 방법이 최선이라고는 할 수 없지만, 바쁜 나날을 보내며 체득한 방법이니 도움이 될 것이라 생각한다.

자투리 시간을 활용하라

직장을 다니면서 공부를 하려면 틈틈이 남는 시간을 이용할 수밖에 없다. 직장인에게도 의외로 자투리 시간이 많다. 출퇴근 시간, 점심시간이 대표적이다. 이런 시간까지 공부에 써야 한다. 회사는 절대 내가 오롯이 공부만 할 수 있는 시간을 내주지 않기 때문이다.

필자는 새벽 첫 버스를 타고 출근해서 공부를 했다. 저녁은 아무래도 야근도 많고 회식도 잦아 나만의 공부 시간을 내기가 어려웠기 때문이다. 그래서 찾아낸 방법이 아침시간 활용이었다. 새벽에 출근하면 평소 출근 시간의 반 밖에 걸리지 않았다. 회사에 들어가서는 빈 회의실에서 공부를 했다. 5시가 좀 넘은 시간부터 시작해 직원들이 들어올 때까지 3시간 넘게 공부할 수 있었다. 그러다 청소하시는 아주머니를 놀라게 한 일도 한두 번이 아니었다.

회식을 한다고 하면 핑계를 대서 가급적 참석하지 않았으며, 꼭 참석해야 하는 자리에선 술을 최대한 자제했다. 과음하면 다음날 새벽 공부는 물 건너가기 때문이다.

주말은 공부에 전념할 기회

공부 목표가 정해졌다면 목표를 이룰 때까지 주말은 반납해

야 한다. 마트 가기, 아이들과 놀아주기, 낮잠 자기와 TV 시청은
물론이고 집안 대소사도 잠시 미뤄둬야 한다. 다만 사전에 가족
들과 충분히 합의해야 한다.

이렇게 되면 가정은 누가 챙기느냐고 반문하겠지만, 이 기간
은 인생 전체를 놓고 볼 때 그리 긴 시간이 아니기에 충분히 참
을 수 있다. 필자도 이런 생활을 하던 초반에는 아내와 아이들
로부터 불평을 많이 샀다. 또한 자주 찾아뵙지 못하는 어머님으
로부터 꾸지람도 들었다. 그러나 시간이 흐르자 가족들도 이해
해주는 눈치였다.

토요일과 일요일에는 직장에 출근하듯 도서관으로 갔다. 도
서관에서 공부를 하고 있으면 아내가 도시락을 싸서 아이들을
데리고 도서관 근처로 왔다. 좀 일찍 온 아이들이 뛰어놀고 있
으면 나는 점심때가 되어 아내와 아이들이 기다리는 장소로 갔
다. 벤치에 앉아 같이 식사하고 잠시 아이들이 노는 모습을 지
켜본 뒤 다시 도서관으로 들어가 공부하고 저녁 늦게서야 집으
로 돌아오곤 했다.

이렇게 시간을 아껴 공부 기간을 단축시키는 것이 가족들에
게 할 수 있는 배려라고 생각했던 것 같다. 당시엔 좀 짠했지만
지금은 그때를 회상하면 미소가 떠오른다. 이 시기 필요한 것은
가족과 지속적인 대화를 통해 적극적인 지지를 구하는 것이다.

공부할 때는 개념부터 정확히

공부를 할 때는 개념 이해가 중요하다. 무작정 외우는 학습 방법은 기억의 한계에 부딪친다. 용어와 개념에 대해 정확히 이해한 다음 암기해야 한다. 이해를 잘 못하고 일단 외우기부터 하는 학습 방법은 단기적으로는 효과가 있을지 몰라도 장기 기억이나 응용문제에 대한 대처 능력이 떨어질 수 있다.

석사 시절 한 교수님의 질문이 기억에 남는다. '은행을 왜 은행이라 하느냐'는 질문이었다. 은행銀行이란 한자어는 중국에서 유래했는데, 중국에서 은 중심의 세금제도가 시행돼 은의 대량 유통이 필요했다는 것이다. 중국 상인 조합은 '항行'이라고 하는데, 이들은 교역에서 결제 대금으로 은을 사용했다. 이 조합이 금융업의 주체가 되면서 '은항'이라는 말이 나왔고 이것이 한국에 들어오면서 은행이 되었다는 것이다. 이 이야기를 들은 다음부터는 근원을 찾아 공부하기 시작했는데 의외로 재미있었다.

공부를 하다 보면 용어가 생소해 어려울 때가 많다. 특히 외국 학문이 일본을 거쳐 우리나라에 들어온 경우가 많아 용어 자체가 애매한 경우가 많다. 따라서 정확한 개념을 알고 학습해야지 외래어 같은 용어를 암기만 한다면 이해하는 데 한계가 있다.

시간이 걸리더라도 정확하게 이해하는 것이 중요하다. 처음에는 시간이 아깝게 느껴지지만 결국 더 효율적인 공부가 된다.

큰 줄기를 파악하라

공부할 때 목차를 항상 옆에 두고 공부해야 한다. 즉 큰 그림을 보면서 공부해야 한다는 말이다. 목차를 보며 지금 공부하고 있는 내용의 위치를 상기하고 더 나아가 이 내용이 다른 부분과 어떻게 연결되는지를 생각해야 한다.

공부한 내용을 전체 목차와 연계시키며 마인드맵을 그려보는 것도 좋다. 순차적인 학습에 그치지 않고 다양한 연관 관계를 구조화시키면 쉽게 잊히지 않고 연관성에 대한 문제가 나와도 대응할 수 있기 때문이다.

나중에 공부한 내용을 타인에게 마인드맵을 그리며 설명해보라. 그러면 완전한 내 것이 될 수 있다. 나의 지식을 남에게 전달할 때 지식이 더욱 견고해지기 때문이다.

주말,
황금 같은 자기계발 시간

직장인들은 누구나 주말을 기다린다. 그러나 주말은 그리 쉽게 흘려보낼 시간이 절대 아니다. 이 시간은 직장에서 벗어나 오롯이 자신이 관리할 수 있는 시간이기 때문이다.

직장생활 5년차 김 대리는 늘 바쁜 탓에 세 살배기 아들과 잘 놀아주지 못해 미안하고, 가사 노동과 육아에 지쳐 있는 아내의 눈치를 보는 평범한 가장이다. 그래서 주말이면 일주일 동안 소홀했던 남편, 아빠 역할에 충실하겠노라 다짐하곤 한다.

금요일 저녁 김 대리는 가볍게 저녁을 즐길 요량으로 동료들과 술자리를 가졌지만, 새벽까지 과음하고 돌아왔다. 토요일 아침 늦게까지 일어나지 못하다가 아내의 성화에 겨우 몸을 일으켰다. 아내와 아들은 잠시라도 밖에 나가 즐거운 시간을 보내자고 했지만, 몸이 무거운 김 대리는 만사가 귀찮다. 점심을 먹고

서야 정신을 차렸지만 외출은 다음날로 미루고 토요일 오후도 낮잠으로 보냈다.

낮잠을 자는 바람에 밤늦게까지 잠을 이루지 못하고 TV를 시청한 탓인지 일요일도 늦잠을 자고 말았다. 12시가 다 되어 일어나 점심을 먹고 그제야 가족을 데리고 외출하려는 김 대리. 겨우 도착한 곳이 대형마트다. 몰려드는 인파로 주차하는데 30분을 지체한 김 대리는 쇼핑을 마치고 4시쯤 집에 돌아왔다. 그렇게 기다려온 주말이 이렇게 허무하게 끝나간다고 생각하니 괜히 짜증이 밀려왔다. 내일 출근해 처리할 일들을 생각하니 가슴도 답답해져온다. 그냥 흘러가버린 이틀이 아깝고 이런저런 걱정으로 잠도 오지 않았다. 12시가 넘어 겨우 잠들었다 일어나니 그 어느 날보다 피곤한 월요일 아침이다.

주말을 어떻게 보내느냐에 따라 경쟁력을 확보할 수 있으며, 삶을 더욱 윤택하게 만들 수 있다. 주말을 잘 경영하는 것이 자신의 현재와 미래를 바꿀 수 있다는 사실을 잊지 말아야 한다.

주말에 할 일을 주중에 정해두라

주말에 일찍 일어나도 할 일이 없어 이리저리 돌아다니다 다시 잠자리에 드는 경우도 많다. 딱히 할 일이 없기 때문이다. 주말에 무엇을 할지는 미리 정해두어야 한다.

필자는 한 주 동안 생각나는 대로 주말에 할 일을 적어 놓는다. 예를 들면, 아이들 데리고 체험활동 하기, 부모님 찾아뵙기, 쇼핑하기 등이다. 특별한 일정이 없을 땐 카페 가서 차 마시기, 산책하기라도 적어 둔다. 여유가 있으면 주말에 읽을 책을 미리 주문해놓고 가까운 카페에 가져가서 읽는 것도 나만의 '소확행'이다. 집 근처 도서관에 가서 이 책 저 책 뽑아보는 재미도 쏠쏠하고, 집에서 조용히 음악을 듣거나 영화관에서 조조 영화를 보기도 한다. 조조 영화 관람은 경제적으로도 부담이 덜하고 복잡하지 않아서 좋다. 남들은 자고 있을 때 영화를 보니 뭔가 앞서간다는 기분이 들기도 한다.

최상의 컨디션을 위해 관리하라

운동선수가 경기에 임하기 전 최상의 컨디션을 위해 체력을 관리하듯 우리도 주말을 잘 보내기 위한 준비를 해야 한다. 이렇게까지 해야 하냐고? 아무리 계획을 잘 짜두더라도 몸이 안 좋으면 수포가 될 수 있기 때문에 컨디션 관리가 중요하다.

최상의 컨디션을 유지하기 위해서는 금요일 저녁 과음을 피해야 한다. 편안한 마음으로 한 잔 두 잔 마시다 보면 과음하기 쉽다. 따라서 가급적 금요일은 술자리를 피하는 게 좋다. 술자리가 불가피하다면 금요일이 아닌 다른 요일에 하는 편이 낫다.

과음을 하게 되면 토요일 오전이 그냥 망가지기 때문이다. 이렇 듯 주말을 잘 맞이하려면 금요일에는 몸을 너무 혹사시키지 말아야 한다.

주말에도 평상시 생활 패턴으로

주말에는 늦잠을 자야 한다는 고정관념에서 벗어나야 한다. 사람들은 아침 일찍 출근하느라 고생한 자신을 위해 주말에는 좀 더 자야 한다는 보상심리를 갖고 있다.

하지만 수면 관련 연구 결과에 따르면, 모자란 잠은 보충이 되지 않는다고 한다. 주말 늦게까지 잔다고 해서 쌓인 피로가 일시에 달아나진 않는다는 말이다. 미국 펜실베이니아 대학과 그리스 아테네 대학의 공동 연구를 진행한 알렉산드로스 브곤차스 박사는 "이번 연구결과는 '잠 빚'이라 불리는 수면 부족의 영향은 주말에 잠을 늘린다고 한꺼번에 회복되지 않으며 자신에게 적합한 수면 시간에 맞춰 제시간에 자고 제시간에 일어나는 게 최선임을 보여준다."고 지적했다. 따라서 늦잠을 자더라도 9시 전에는 일어나 주중과 마찬가지로 9시경에는 활동을 시작해야 한다.

다만 낮잠이 필요할 때도 있다. 다양한 낮잠 연구에 따르면 낮잠은 업무 수행 능력, 건강, 기억력 향상에 영향을 미친다고 한다. 미국 미시간 대학교 연구팀은 18~50세 연령의 성인 40명을 대상으로 낮잠을 자게 한 결과, 낮잠을 자지 않은 그룹보다 충동적인 행동을 할 확률이 적었다고 한다. 주말에 잠을 보충해야겠다 싶으면 낮잠을 1시간 정도 짧게 자는 것이 효과적이다.

책 읽는 직장인

요즘은 책 읽는 사람을 찾아보기 어렵다. 예전에는 지하철에서 신문이나 책 읽는 사람을 쉽게 찾아볼 수 있었지만 요즘은 스마트폰에만 집중한다. 그래서 신문이나 책 읽는 사람을 만나면 여간 반가운 게 아니다.

직장인들도 책을 잘 읽지 않는다. 업무 관련 도서나 겨우 읽을 뿐 책을 가까이 하지 않는 것 같다. 문화체육관광부가 발표한 '2017년 국민 독서실태 조사'에 따르면 성인 10명 중 4명은 1년에 책을 한 권도 읽지 않는 것으로 나타났다. 우리나라 국민들의 독서율은 경제협력개발기구(OECD) 기준으로 평균 독서율에도 못 미치는 수준이라고 한다. 지난 2015년 OECD 기준으로 국민 독서율은 영국 32.6%, 아일랜드 31.5%, 독일 26.9%, 프랑스 23%, 한국 8.4%였다. 독서율의 기준은 만 15세 이상 국민이 1년에 1권 이상 읽은 사람의 비율이다.

요즘 직장인들은 인터넷과 스마트폰의 단편 지식에만 매달

릴 뿐 사고의 체계를 갖추는 장문의 글은 잘 접하지 않으려 한다. 이 때문에 단편 지식만 습득하는 한계에 부딪히게 된다.

직장인은 꾸준히 독서를 해야 한다. 필자도 독서를 그리 많이 하지는 못하지만 가급적 많이 읽으려 노력하고 있다. 이를 실천하기 위한 나만의 독서법을 소개해본다.

추천 도서나 보고 싶은 책은 메모해둔다

나에게 맞을 것 같은 책은 미리미리 메모해둔다. 막상 책을 구매하려 해도 무슨 책을 사야 할지 막막한 때가 있다. 또한 선뜻 책을 구매한 후 실망하는 경우도 많다. 따라서 구매할 책 리스트를 미리 메모해 놓아야 한다. 그래야 신중한 책 구매가 이루어질 수 있다.

읽고 싶은 책, 추천 도서 등이 있다면 이것을 적어둔다. 명사의 추천 도서나 매스컴에 소개된 책들을 메모해 두었다가 활용하면 도움이 된다. 이 같은 추천 도서 리스트 정리는 항상 책에 대해 관심을 갖게 하는 촉매제가 된다.

휴가 기간에 맞춰 미리 책을 주문하라

바쁜 일상 중에는 편안히 책 읽을 시간을 내기 어렵다. 따라서 휴가나 연휴 기간을 충분히 활용하는 것이 좋다. 필자는 주말, 연휴, 휴가가 다가오면 읽고 싶었던 책 리스트에서 선별해 책을 주문한다. 그러면 내용에 대한 기대도 커지고, 책을 읽고 난 뒤 만족감도 커진다.

아무 것도 하지 않고 쉬는 것이 휴식이 될 수도 있지만 읽고 싶은 책을 여유롭게 탐닉하며 시간을 보내는 것도 정신적, 육체적으로 도움이 된다. 책을 읽다 잠시 선잠에 빠지는 즐거움은 경험해 보지 않은 사람은 모를 것이다.

줄 치면서 읽어라

책을 읽고 며칠만 지나면 읽은 내용이 가물거릴 때가 많다. 책 내용을 좀 더 오랫동안 기억하려면 책을 읽으면서 줄을 긋고 그때 느낀 감정을 책의 여백에 메모해두는 것이 유용하다. 그러면 그 책을 다시 읽을 때 예전의 느낌을 생생하게 기억할 수 있다. 다시 한 번 읽고 싶은 좋은 글귀에는 밑줄을 그어놓아라. 책에 줄을 그으면서 읽으면 집중력도 향상되고 책의 내용을 좀 더 깊게 이해할 수 있을 것이다.

책을 깨끗하게 보는 것만큼 바보스러운 것도 없다. 책은 나만의 지식 데이터베이스가 돼야 한다. 책을 읽으면서 글을 써놓거나 밑줄을 그어놓으면 나중에 다시 찾아보기도 쉽다.

책은 한 번 읽고 팽개쳐서는 안 된다. 특히 정보를 주는 책들은 필요할 때마다 꺼내 읽으면서 지식을 상기할 필요가 있다.

중요한 문장은 내 글감으로 삼는다

중요한 문장은 글을 쓰거나 타인과 대화할 때 참고 자료로 활용할 수 있다. 책을 쓰거나 다른 사람과 이야기를 나눌 때 내 의견만 제시하기보다 객관적인 준거로 이를 제시해주면 내용이 더 풍부해지고 신뢰를 주게 될 것이다. 저명한 명사의 이야기나 연구 결과를 제시하면서 나의 주장을 전개하면 보다 설득력을 갖는다는 말이다. 책을 읽으면서 인용하고 싶은 문장을 만나면 데이터베이스화해서 잘 관리해야 한다.

독서를 하다 보면 나도 이런 책을 써보았으면 하는 욕심이 생길 것이다. 이러한 목표를 실현하기 위한 하나의 기반으로 독서를 하면 목적도 뚜렷해지고 집중력도 향상된다. 독서를 하면서 모은 자료와 나의 통찰력이 책으로 완성되어 서가에 꽂혀 있다고 생각하면 뿌듯하지 않겠는가?

모임도
전략적으로 참석하기

직장이라는 전쟁터에서 살아남기 위해 오늘도 많은 직장인들이 인맥 쌓기에 분주하다. 그래서 이 모임 저 모임을 기웃거린다. 그런데 모임도 전략적으로 참석해야 한다. 자칫 술 마시고 흥청거리는 모임에 내 열정을 빼앗길 수 있기 때문이다.

직장에서 이른바 '왕따로 찍히면' 많은 어려움이 발생한다. 그래서 왕따가 되지 않으려고 내키지 않는 모임에도 참석한다. 스트레스를 푼다는 명분으로 누군가를 도마 위에 올려놓고 흉을 보며 대동단결하는 것이다. 상사와 노가리는 씹어야 제맛이라는 말과 함께.

가끔 스트레스를 푸는 모임을 가지는 것도 좋지만, 내가 참석하는 모임이 대부분 이렇다면 문제가 있다. 무언가 소중한 것을 얻을 수 있는 모임을 골라서 참석해야 한다. 매번 똑같은 구성원들이 습관처럼 만나는 모임에 얽매이다 보면 시간적, 경제적, 체력적 소모가 크기 때문이다.

모임은 우리에게 위안과 기쁨을 줄 수 있다. 가끔은 진주 같은 정보와 인맥을 캐낼 수도 있기 때문이다. 다만 이제부터는 좋은 것과 아닌 것을 구별하며 전략적으로 모임을 가져야 한다.

새로운 모임에 적극 참여하라

시간이 부족하다는 이유로 직장 사람들과의 만남에만 몰입하는 경향이 있다. 그러다 보니 새로운 정보 습득이 부족하다.

우리는 정보의 홍수 시대에 살고 있다. 그러나 인터넷에서 얻는 정보의 양과 질에는 한계가 있다. 특히 익숙하지 않은 새로운 분야의 정보에 접근하기가 어렵다. 따라서 새로운 세계에 눈을 뜨려면 색다른 모임에 적극적으로 참석해 식견을 넓히는 것이 좋다.

가끔은 직장을 벗어난 모임에 참여해보라. 이것이 여의치 않으면 같은 직종에 종사하는 타 기업 사람들을 만나거나 그것마저 여의치 않다면 다른 부서 사람들과의 모임에라도 적극 나서라.

잦은 모임으로 체력과 재력을 낭비하지 마라

잦은 모임과 회식을 쫓아다니다 '번아웃Burn-Out'이 되는 사람들을 보곤 한다. 의미 없는 모임에 체력과 재력을 낭비하는 것이다. 이보다는 생산적인 활동을 찾아보는 게 좋겠다.

스트레스 해소가 목적이라면 사람들과 어울려 술을 마시는 대신 운동이나 명상 등 다양한 취미를 개발해보면 어떨까. 가끔은 혼자만의 시간을 가지는 것이 좋다. 그래야 자신을 되돌아보며 삶의 방향을 조정할 수 있다.

나를 응원해주는 사람과 만나라

조언을 한다면서 남을 비난하고 치부를 건드리는 사람들이 있다. 한비자는 이렇게 말했다.

'상대방이 받아들일 준비가 안 돼 있다면 함부로 조언하지 마라.'

섣불리 조언하기보다는 나를 응원해주는 우군이 필요하다. 그래야 힘들 때 용기를 얻을 수 있다. 설령 내가 잘못을 저질러도 내 편이 되어 나를 응원해주는 사람 말이다. 또는 누군가에게 불평불만을 털어놓고 싶을 때도 있다. 다른 사람을 실컷 욕하더라도 묵묵히 들어주는 사람에게 그냥 주저리주저리 이야기하고 싶다.

항상 내 편이 되어줄 사람을 만나라. 그러면 평정심을 찾고 자신감을 회복하는데 많은 도움이 된다.

가까운 사람들과의 모임도 소중히 여기라

먹고살기 바쁘다고 오랜 친구들을 등한시하는 경우가 있다. 하지만 사회생활을 하며 항상 긴장 속에 타인을 대하다 보니 아무 흉허물 없이 이야기하고 웃으며 치고받을 수 있는 옛 친구들이 그리울 때가 있다. 가끔은 옛 친구들과의 모임을 갖고 때 묻지 않은 시절로 돌아가 추억에 흠뻑 빠져보는 것도 좋다.

가족과의 모임도 소중히 여겨라. 부모님 생신이나 가족 경조사 모임도 중요하다. 바쁘고 여유가 없다는 핑계로 소홀히 해서는 안 된다. 정기적으로 가족들과 식사하며 안부를 챙기는 모임도 반드시 필요하다. 타인보다 가까운 사람들과의 관계가 삶의 질을 좌우한다는 점을 잊지 말자.

스쳐가는 만남도 중요하다

만남에는 깊은 만남과 짧은 만남이 있다. 오랫동안 알고 지내온 사이에서는 문제가 아닐 수도 있지만, 잠시 스쳐 지나가는 모임에서는 자신의 행동을 더욱 신경 써야 한다.

세미나 또는 회의석상에서 언성을 높이며 누군가에게 나쁜 인상을 주었다면, 상대방은 그 인상과 행동이 나의 본모습이라 생각하고 오랫동안 기억하게 될 것이다. 이러한 나쁜 인상은 평판 조사에도 악영향을 미칠 수 있다. 잘 알고 지내는 주위 사람들뿐만 아니라 스쳐 지나가는 사람들과의 관계에도 각별한 주의가 필요하다.

이제는 나 홀로 살아갈 수 없는 세상이다. 항상 주위 사람들과의 관계에 관심을 갖고 관리해야 한다.

이력서와 경력증명서
업데이트하기

평생직장은 옛말이다. 평생 직업은 있되 평생직장은 사라졌다고들 말한다. 이러한 상황은 직장 근속 연수 통계를 보면 더욱 극명하게 드러난다. 통계청이 발표한 '2018년 5월 경제활동인구조사 고령층 부가조사 결과'를 살펴보면 고령층(55~79세)의 취업 관련 특성이 잘 나타난다. 가장 오래 근무한 일자리에서 퇴사 당시 평균 연령은 49.1세(남성51.4세, 여성 47.1세)인데, 이 고령층의 고용률은 55.2%였다.

이처럼 평생직장이 사라지는 시대, 직장인들은 어떤 준비를 해야 할까? 언제든지 직장을 옮길 준비를 하는 것은 물론이고 자신을 보여줄 수 있는 이력서와 경력증명서를 항상 최신화해서 갖고 있어야 한다. 막상 이직할 땐 여유도 없거니와 이직 기회가 왔을 때 빠르게 대처하기 위해서다. 이력서는 이직할 때만 준비하는 것이 아니다. 오히려 그때 준비하면 늦다.

전략적으로 경력을 개발하라

경력 관리는 업무를 수행하면서 해야 한다. 가능하다면 자신의 경력 로드맵에 맞춰 프로젝트에 투입되도록 노력하는 것이 좋다. 체계적이지 않고 여러 분야에 산발적으로 투입된 경력은 제대로 인정받기 어렵기 때문이다.

자신이 추구하는 목표에 맞춰 전략적으로 경력을 개발해야 한다. 헤드헌터의 도움을 받아 이력서를 관리하는 것도 방법이다. 그들은 현재 수요가 많은 경력자는 어떤 사람인지, 어떤 경력이 향후 도움이 될지 가이드를 제공해 줄 수 있다. 이력서에 한 줄이라도 더 쓰려면 대학 입학을 위해 학생부종합전형을 준비하는 수험생의 심정으로 돌아갈 필요가 있다.

세상에 나를 알려라

외부에 글을 기고하거나 강의를 하는 등 자신의 브랜드를 지속적으로 외부에 알리는데 힘써야 한다. 자신을 세상에 제대로 어필하지 못하면 어느 누구도 알아주지 않는다. 지금도 책 출간은 자신의 전문성을 대외적으로 광고하는 중요한 수단이다. 전문 분야에 대한 집필 경험은 큰 무기가 될 수 있다.

블로그와 유튜브도 이에 못지않은 강력한 홍보 도구이다. 이제는 다양한 매체를 통해 홍보 활동을 할 수 있다. 블로그, 유튜브, 인스타그램 등 SNS(사회관계망 서비스)를 적극적으로 활용해 자신을 홍보하면 나의 콘텐츠에 관심을 갖는 추종자를 만들 수 있다. 흥미로운 주제를 지속적으로 제공해주며 나의 전문성을 알리는 것이다.

파워 블로거나 파워 유튜버가 되면 대외 인지도를 형성하여 다양한 활동을 할 수 있는 기반이 마련된다. 또한 이러한 활동은 어느 정도 수입을 보장해주기도 한다.

자격증을 업데이트하라

나에게 맞는 자격증, 경쟁력 있는 자격증에 도전해야 한다. 누구나 쉽게 취득할 수 있는 자격증은 노력에 비해 효과가 미미하다. 힘이 들더라도 대외적으로 인지도가 높은 자격증을 취득하는 것이 좋다. 진입 장벽이 높은 자격증일수록 그 가치와 효과가 오래 지속되고 향후 진가를 발휘하기 때문이다.

자격증은 특히 은퇴 이후 요긴하다. 재취업이나 창업 시 자신의 역량을 보여줄 수 있는 기준이 되기 때문이다. 자격증이 없으면 자격증이 없는 사람들과 경쟁하지만 자격증이 있으면 그 대상자들끼리의 경쟁이 된다. 그만큼 경쟁률이 줄어든다는 의미다. 따라서 자신의 관심 분야 중 경쟁력 있는 자격증을 미리미리 준비해야 한다.

은퇴 시기가 다 되어 자격증을 취득하려는 사람들이 있는데, 이때는 체계적인 준비가 어려울뿐더러 학습 속도도 젊은 때와는 사뭇 다르다.

이력서는 6개월에 한 번씩 업데이트하기

단순히 이직을 위해서만이 아니라 자신의 이력 관리를 위해서라도 6개월 주기로 이력서를 업데이트해야 한다. 경력, 교육, 수상 이력 등 다양한 데이터를 주기적으로 갱신하라. 이직할 때 갑자기 이력서를 준비하려면 잘 기억나지 않아 내용이 누락될 수 있다.

증빙 자료의 유효 기간이 지났거나 발급일이 오래 전이라면 최신 버전으로 준비해둔다. 다시 말하지만 미리 준비해두어야 발 빠르게 대처할 수 있다.

경력증명서도 미리 준비하라

경력증명서는 자신의 경력에 대한 증빙 자료를 제시하는 것이다. 경력증명서는 필요할 때 바로 제출해야 하는데 경력이 제대로 업데이트돼 있지 않으면 좋은 기회를 놓칠 수 있다.

우선, 자신의 업무 영역에서 경력증명서를 발급해 주는 기관이 있을 것이다. 이 기관을 확인하고 자신의 경력증명 내용을 충실히 제출하여 심사를 받은 뒤 경력증명서를 발급받으면 된다.

다음으로 중요한 것이 꾸준히 경력증명서를 업데이트하는 것이다. 가끔 경력증명서 내용이 10년 전에 멈춰있는 것을 볼 수 있는데 이러한 경력증명서는 자신의 경력을 제대로 나타내주지 못한다. 따라서 경력 사항을 주기적으로 갱신해두되, 이는 재직 시 해두는 것이 편리하다. 퇴사 후에는 담당자를 확인하고 연락을 해야 하는 등 여러 가지 복잡한 상황에 직면하거나 시간도 오래 걸릴 수 있기 때문이다.

일부 경력증명서는 갱신 및 발급 비용이 발생하기도 한다. 필요하다면 과감히 투자해야 한다. 경력 관리만 제대로 된다면 향후 그 비용 이상의 보상이 돌아올 것이다.

직장인들이 쉽게 간과하는 것 중 하나가 타인의 시선이다. 나만 잘하면 된다는 단순한 생각에 사로잡혀 있다. 그러나 직장이라는 울타리는 상당히 폐쇄적인 공간이다. 자신이 살아남기 위해 타인을 배척하는 철저한 정치 논리가 지배하는 곳이다. 특히 나의 보호막이 돼 줄 수 있는 든든한 기반이 없다면 행동을 좀 더 조심해야 한다. 회사 내에서 여론을 형성하는 인물이 있다. 이 사람의 특징은 어떤 직원에 대한 인식을 바꾸어 여론을 만들기도 한다는 것이다. 이러한 인물과의 관계에서는 더욱 신중해야 한다. 그 사람과 배척 관계가 되면 안 된다. 설사 마음에 좀 들지 않더라도 상대를 미워하는 티를 내서는 안 된다. 가급적 그의 비위를 맞출필요도 있다.

Part 6
균형이
경쟁력이다

일과 삶의 균형을
찾으려면

●
●
●
●
●
●

최근 사회적 분위기는 일과 삶의 균형을 추구하는 추세이다. 워라밸('Work and life balance'의 준말)이라는 개념이 중요해지고, 국내 근로기준법 개정으로 예전처럼 초과근무를 강요하는 경향도 점차 줄어드는 분위기이다.

성실한 업무 활동은 직장인의 의무이다. 게다가 우리나라 경제를 이끌어 온 바탕이 국민들의 성실성이었다는데 누구도 이의를 제기하지 못할 것이다. 그러나 이제 사회적 변화에 따라 근면 성실의 가치는 삶의 질 개선과 업무의 효율성으로 대체되고 있다. 여러 사회적 여건으로 직장생활 기간은 서서히 줄어들고 지금까지 간과하고 있던 가정과 개인의 삶의 질에 대한 관심이 커지는 것이다.

과거 경제 성장기에는 개인의 능력보다 조직 차원의 성과가 중요시됐다. 그래서 사원을 채용할 때도 개인이 갖고 있는 역량보다 조직에 대한 충성심이 주요 선발 기준이 됐다. 개인은 시스템에 맞춰 제대로 움직여주기만 하면 됐기 때문이다. 개인의 돌발 행동은 오히려 조직 성과에 악영향을 미친다고 생각했다.

그러나 지금은 어떠한가? 대량생산 기술보다 한 사람의 창조성이 발휘된 IT 기술이 국가 경제기반을 떠받치고 산업을 주도해 가지 않는가? 이제는 개인의 능력과 창의성을 개발하고 고취시켜야 하는 시점이다. 창의성이 발현되려면 무엇보다 일과 개인의 삶이 조화를 이루고 삶의 질과 여유가 보장돼야 한다.

남의 시선 신경 쓰지 않기

필자가 사회 초년생일 때만 해도 퇴근할라 치면 여간 눈치가 보이는 게 아니었다. 상사에게 퇴근을 보고하고 허락을 받아 퇴근하는 분위기였기 때문이다.

퇴근 시간이 다가오는데 갑자기 회의를 소집하거나, 일을 다 마쳐도 상사가 신문을 보고 있으면 누구도 자리를 뜨지 못하는 풍경이 일반적이었다. 상사가 아직 회사에 남아있는데 먼저 퇴근하는 것을 직장 예절에 어긋난다고 생각했다.

물론 지금도 이런 문화가 남아있는 직장도 많겠지만 점점 사라져가는 추세임은 분명하다. 자기 할 일을 다 마쳤으면 과감히 자리를 박차고 일어선다. 최근 어느 기업에서는 '나의 퇴근을 알리지 마라'는 표어까지 붙여놓고 '칼퇴근'을 종용할 정도라고 한다. 퇴근 시간이 돼서 퇴근하는 당연한 일을 마치 잘못이라도 저지르는 것처럼 남의 시선을 의식할 일이 아니라는 의미이다. 진정 반가운 변화가 아닐 수 없다.

무의미한 '우정 철야'는 이제 그만

지금도 철야 근무, 주말 근무를 할 때가 있다. 직장 생활이라 어쩔 수 없는 상황이다. 이걸 완전히 없애기란 불가능할 것이다. 그래도 다행인 것은 이제 이런 상황에 법적 제재가 따른다는 것이다. 어느 시점까지는 허용되더라도 무한정 허용은 안 된다.

법제화 이전에는 어땠을까? 필요하면 무한정 야근과 주말 근무를 했다. IT업계에 있는 필자는 업계 특성상 이런 경우가 허다했다. 특히 프로젝트 오픈 일자가 정해지다 보니 그 시점이 다가오면 이런 현상은 더욱 두드러졌다.

그런데 여기서 한 가지 짚고 넘어갈 것이 있다. 정말 그 모든 인원이 다 같이 야근과 주말근무를 해야 하는지 말이다. 물론 그럴 수도 있다. 그러나 다 같이 할 필요가 없는 일임에도 불구하고 동료에 대한 미안한 마음으로 옆에 있어주는 경우도 많았다. 그것이 동료애고 조직이라고 했다. 그래서 '우정 철야'라는 말이 나온 것이다. 회사가 은근히 이런 조직 문화를 종용해 온 것도 사실이다.

그렇다면 지금과 같은 워라밸 시대에는 어떻게 업무를 수행해야 할까? 무엇보다 업무 생산성을 고려해야 한다. 그래야 우리가 그렇게도 바라던 '저녁이 있는 삶'이 보장된다.

"김 과장, 어제 밤샜어? 그래, 고생 많았어. 그런데 박 대리는 어제 어디 간 거야? 내가 회식 마치고 10시쯤 사무실에 왔더니 안 보이던데."
"아… 그게 말입니다…."

자주 보던 사무실 풍경이다. 그런데 실질적인 내용을 보면 김 과장과 박 대리는 비슷한 분량의 업무를 진행했고 박 대리는 점심시간까지 쪼개가며 업무 시간 내 일을 다 마치고 퇴근했다. 반면 김 과장은 낮에는 동료와의 잡담, 흡연, 인터넷 쇼핑 등으로 시간을 보내다가 밤이 되어서야 업무를 시작했던 것이다.

이제는 생산성 관점에서 업무 성과를 체크해야 한다. 밤늦게까지 일하는 사람에 대해 더 높이 평가하는 행태는 근절돼야 한다.

위만 바라보고 살면
안 된다

-
-
-
-
-

영국 주간지 『이코노미스트』에 실린 「왜 수입이 늘어도 더 행복하지 않을까?」라는 기사에서 리처드 레야드 교수는 다음과 같은 이유를 들었다.

첫째, 개선된 생활수준에 빨리 익숙해지기 때문이다. 소득수준 향상으로 취득한 것을 당연하게 여기는 것이다. 갖고 싶던 컴퓨터를 구매하면 처음에는 기쁘지만 곧 사양이 낮다고 불만을 토로하는 것과 같은 이치다.

둘째, 사람들은 항상 타인과 비교하는 습성을 가졌기 때문이다. 취업준비생이 어렵게 직업을 구하고도 이내 친구들과 연봉을 비교하며 실망하는 경우처럼.

셋째, 여가 부족 때문이다. 수입을 더 많이 얻으려 할수록 일하는 시간이 늘어난다.

이 기사에서 필자가 주목하는 것은 타인과 비교하는 모습이다. 이런 태도는 우리 삶에 많은 영향을 미친다.

어릴 때 필자는 가난한 집안 형편이 불만이었다. 어머니에게 나도 친구들처럼 브랜드 운동화를 신고 싶다고 조르곤 했다. 그때마다 어머니가 하셨던 말씀이 있다.

"위만 바라보고 살면 안 된다."

당시에는 어머니 말씀이 귀에 들어오지 않았다. 남들보다 부족하게 사는 것을 열등이나 낙오로 여겼다. 그래서 항상 위를 보며 경쟁 상대를 만들고 스스로를 채근하며 살아왔던 것 같다.

지금 되돌아보니 이런 경쟁의식은 나를 많이도 성장시켰던 것 같다. 경쟁에서 우위를 차지하며 성취감과 만족감을 누렸고 실패했을 때도 이를 하나의 자극으로 삼아 항상 노력하는 자세를 가다듬어 왔다. 그러나 한편으로는 이런 자세가 나 스스로를 힘들게 하는 요소라는 것을 깨달았다. 젊어서는 경쟁의식을 감내할 수 있었지만, 지금은 경쟁적인 삶을 살기에는 체력과 정신력이 뒷받침해주질 못한다.

법정 스님은 '아름다운 마무리는 내려놓음'이라고 했는데, 이제는 치열한 경쟁보다 현재에 감사하고 타인을 의식하는 삶에서 벗어나야 인생 2막이 좀 더 편안해질 것 같다. 돈이 아니라 나의 삶 자체가 중요하다. 돈 좀 못 번다고 아파하고 힘들어 하기보다 마음의 여유와 안락을 위해 그런 아픔쯤은 초월하는 것이 어떨까.

많은 직장인들이 직장에서 설 자리를 못 찾고 떠나는 모습을 쉽게 찾아볼 수 있다. 어느 정도 나이가 되면 회사에서 밀어내기 전에 스스로 물러나야 하는 분위기이다. 회사와 조직을 위해 젊음을 바쳤는데 나에게 남은 것이 이것뿐이냐는 몸부림은 자신을 더 힘들게 할 뿐이다. 지금까지 타인과 비교하며 나를 채찍질해왔다면 이제부터는 나를 위하고 타인을 배려하는 삶을 살아가야 하지 않을까?

아빠는 매일
밖에서 맛있는 거 사먹잖아요

•
•
•
•
•
•

주말에 일이 있어 출근했다가 4살 정도 된 딸을 데리고 나온 직원을 봤다.

"아빠, 왜 회사에 아무도 없어?"
"오늘은 일요일이라 일을 안 하거든."
"그럼, 저 아저씨는 일요일인데 왜 왔어?"

아이의 지목을 받아 쑥스럽기도 하고, 귀엽게 말하는 모습을 보니 우리 딸이 어릴 때도 생각나 한참을 바라보았다.

지금 우리 아이들은 어느 정도 커서 아빠가 관심 가져주는 것을 좀 부담스러워하는 눈치지만, 어릴 땐 퇴근하고 들어오기 무섭게 같이 놀아달라고 해서 가끔은 힘들었던 것도 사실이다. 좀 쉬려고 하는데 놀아달라고 칭얼대는 어린 딸에게 화를 낸 기억은 지금 생각해도 미안하다.

필자도 한참 회사일로 힘들고 아내도 육아로 지쳐있던 즈음인 것 같다. 야근 후 동료들과 회포까지 풀고 새벽에 들어온 나에게 아내가 이렇게 말했다.

"우리 민수, 민지의 지금 시기는 절대 돌아오지 않아."

뒤통수를 한 대 맞은 기분이었다. 이후로는 가급적 아이들과 시간을 많이 가지려 노력했던 것 같다.

인생에서 가장 중요한 것은 무엇보다 가족이 아닐까. 우리 부모님 세대는 열심히 일하는 것이 가정에 충실한 것이라 믿었다. 가족을 부양하기 급급해 자식들과 단란한 여행 한번 못 가보고 밤낮 없이 일만 하다 쓸쓸히 노년을 맞으셨다.

그러나 이제는 가족 구성원과 경험을 나누고 소통하며 살아가는 것을 가정에 충실한 것으로 생각한다. 일터보다 집을 더욱 소중히 여기게 된 이런 변화 덕분에 일과 조직에 대한 생각도 많이 달라지고 있다.

필자가 가정에서 꼭 지키려 하는 몇 가지 룰은 다음과 같다.

주말은 가족과 함께

바쁜 직장생활을 하다 보면 아이들의 잠자는 얼굴밖에 보지 못하는 날의 연속이다. 그래서 주말에는 반드시 가족과 함께 하려고 했다. 하루는 아들 녀석이 이렇게 말했다.

"아빠는 좋겠어요. 매일 밖에서 맛있는 거 사먹을 수 있으
니까요."

직장인들은 매일 밖에서 밥을 사먹으니 집밥이 그리운데, 가
족들은 매일 집에서 밥을 차려 먹으니 사먹는 음식이 더 좋았
던 것이다. 그래서 아내의 수고도 줄여주고 가족들에게 맛있는
것을 사주고 싶어 토요일 저녁은 맛집을 찾아다녔다. 이 토요일
저녁 외식은 특별한 일정이 없는 한 지금도 계속되고 있다.

그리고 일요일은 아내가 음식 솜씨를 뽐내는 날이다. 집에
서 좀 여유롭게 식사하면서 아이들의 학교생활 이야기도 듣고
여러 가지 대화도 나눈다. 아들놈은 아직도 엄마가 해준 음식이
제일 맛있단다. 맛있는 게 아니고 길들여진 것일지도 모르지만.

가족여행을 떠나자

아이들이 커가는 시간은 다시 돌아오지 않으니 가능한 많은
것을 보여주고 들려주며 추억을 만들어주고자 노력했다. 재정적
인 부분이 항상 문제였지만 빚을 내서라도 여행을 계획하고 다
녀왔다. 특히나 새로운 광경을 보고 체험할 수 있는 해외여행은
앞으로 아이들이 살아가는 데 자양분이 될 거라고 믿고 최대한

기회를 만들곤 했다. 지금도 생각해 보면 아이들이 어려서부터 다양한 나라를 여행해본 것은 참으로 잘한 것 같다.

주위에는 자식들이 다 크고 재정적으로 여유가 생기면 해외여행을 가겠다는 사람들이 많은데, 아이들이 성장해서 보고 느끼는 것과 어릴 때 보고 느끼는 것은 분명 다를 것이다. 또한 부모가 건강이 안 좋거나 자식들이 바빠 쉽게 일정을 낼 수 없을지도 모른다.

소설가 파울로 코엘료는 '여행은 언제나 돈이 아닌 용기의 문제'라고 했다. '여행은 가슴이 떨릴 때 떠나야지, 다리가 떨릴 때는 힘들다'는 말도 있지 않은가.

우선순위를 정할 때 가족이 먼저다

자신을 돌볼 겨를도 없이 열심히 달리기만 하면 그것이 가족의 행복이 될 거라 믿었다. 그런데 이제는 아이들도 다 커서 부모보다는 친구들을 더 좋아하고 부모의 말보다 제3의 인물이 이야기하는 것에 더 영향을 받는다. 가족 모임보다 자신이 좋아하는 아이돌 콘서트가 더 중요한 것이다. 그럴 나이이기 때문이다.

필자는 회사 일이 바쁘더라도 가족이 먼저라는 원칙을 고수했다. 한번은 아들 졸업식 때 휴가를 낼 수 없는 상황이 됐다. 아내만 가고 나는 일을 할 수도 있었지만, 온갖 핑계와 수단을 다

동원해서 참석했다. 일은 일정을 조정해서라도 진행할 수 있지만 아들의 졸업식은 조정할 수 있거나 다시 오는 기회가 아니기 때문이다.

내가 없으면 일이 안 돌아갈 것 같지만 실제로 차질이 생기지는 않는다. 만약 내가 없다고 일이 진행되지 않는다면 그것은 오히려 회사 시스템에 문제가 있다는 반증이 된다.

가족은 무조건 다 이해해줄 거라 생각해선 안 된다. 나중에 은퇴한 나를 따뜻하게 맞아줄 이들은 가족뿐이다. 아직도 가족을 등지고 회사 일만 열심히 하는 것이 가족을 위하는 것이라 믿는다면 다시 생각해 볼 문제이다.

후배들에게 들려주고 싶은 말은, 아이들이 어릴 때 너무 일에만 몰두하지 말라는 것이다. 아이들에게는 열심히 일해서 승진도 하고 연봉도 오르면 놀이공원에 가자고 약속하는 부모보다 좀 일찍 들어와서 동네 공원에서 놀아주는 부모가 더 좋은 부모일 것이다.

회사 여건이 안 된다고? 그렇다면 회사 일을 항상 우선순위에 두어 내가 상황을 그렇게 몰고 가는 것이 아닌지 생각해보라. 너무 잦은 술자리와 회식 때문에 가족과 함께 할 시간이 부족한 것은 아닌지도.

배우자를 '베프'로 만들어라

잘 알려진 종단 연구로 75년간 진행된 '하버드 성인발달 연구'가 있다. 1938년부터 10대 남성 724명의 인생을 추적한 이 연구는 삶에서 가장 중요한 행복의 요건으로 '좋은 관계'를 꼽았다. 나이 들어 외로운 것은 독약과 같다는 것이다. 매일 심하게 다투는 부부의 삶은 이혼하는 것보다 해롭다는 결론이다.

은퇴를 하면 많은 시간을 배우자와 보내게 된다. 또한 남자들은 이때부터 외로움도 많이 느낀다. 자신감이 떨어져 사람 만나길 꺼리게 되고 만나주는 사람도 점점 줄어들기 때문이다. 그래서 그동안 회사 일에 전념하느라 아내와 갖지 못했던 시간을 가지려 하는데 이제는 아내가 달가워하지 않는다.

반면 아내는 남편이 집에 있으면 불편하다. 삼시 세끼 꼬박꼬박 밥을 차려주어야 하고 남편이 같이 놀아주지 않는다고 짜증내고 은근히 시샘도 하기 때문이다. 남편이나 아내나 소외되고 갑갑한 생활의 연속이다.

이런 때일수록 배우자와 지속적인 대화가 필요하다. 각자의 개인생활도 존중해주어야 한다. 왜냐하면 배우자는 오랫동안 삶을 지속할 동반자이기 때문이다. 서로의 말에 귀 기울이고 맞춰가는 지혜가 필요하다.

배우자를 옆에서 나를 챙겨주기만 하는 존재가 아닌 좋은 친

구로 만들어라. 이야기를 나눌 공간을 찾아 둘만의 시간을 보내
거나 근사한 카페에 가서 같이 커피를 마시며 사색을 즐겨도 좋
다. 같은 공간에 있는 자체만으로도 교감이 이루어지는 것이니
말이다. 함께 할 수 있는 취미를 찾거나, 종종 편하게 속내를 털
어놓을 수 있는 부부만의 술자리를 갖는 것도 좋다.

아빠는 매일 밖에서 맛있는 거 사먹잖아요

건강보다
중요한 행복이 있으랴

건강보다 중요한 행복 조건이 있을까. 직장인들의 큰 관심 중 하나가 건강이다. 과로와 스트레스로 망가진 자기 몸을 관리해야 한다.

다이어트와 금연은 직장인들의 단골 새해 결심 중 하나이다. 다이어트는 '평생 하는 것'이란 말이 있듯 쉽지 않다. 필자도 한때 과체중으로 고민하던 시기가 있었다. 과도한 스트레스에 움직임이 적다 보니 체중 관리를 제대로 하지 못했다. 그러던 어느 날 샤워를 하다 깜짝 놀랐다. 발끝이 보이지 않았다. 딸아이가 내 배를 만지며 임신했냐고 놀릴 정도였다. 큰 결심을 하고 다이어트를 시작했다.

필자가 건강 전문가는 아니지만 다이어트에 성공하고 아직까지 요요 현상 없이 잘 지내고 있으니 다음에 소개하는 다이어트 법칙이 허무맹랑한 것은 아닐 것이다.

인스턴트와 간식류 멀리 하기

'소확행'이 유행이라는데, 나에게는 주말에 소파에 누워 과자 먹는 것이 소소한 행복이었다. 한 봉지를 다 먹으면 잠시 눈을 붙였다가 또 다른 간식을 찾았다. 다이어트에 최악인 초콜릿도 즐겨 먹었다. 그런데 이렇게 즐기던 과자와 초콜릿 등을 완전히 끊었다. 줄인 정도가 아니라 아예 쳐다보지도 않았다.

밥을 조금 밖에 안 먹는데 왜 살이 찌는지 모르겠다는 사람들이 있다. 자세히 보면 밥은 적게 먹지만 인스턴트 음식이나 간식을 즐겨 먹는 부류다. 체중이 불어나는 데 일등 공신은 이런 음식들이니 주의해야 한다.

탄수화물 줄이기

필자는 다이어트를 할 때 혹독할 정도로 탄수화물을 줄였다. 고기, 생선류를 주로 먹고 흰쌀밥은 가급적 먹지 않았다. 탄수화물 다이어트는 논쟁의 여지가 있지만 장기간이 아닌 단기간 동안은 해볼 만하다. 단, 성장기 청소년이나 체력이 약한 사람, 특정 건강 문제가 있는 사람에게는 금물이라고 한다.

필자도 탄수화물을 끊자 초반에는 집중력 저하를 겪기도 했다. 어쨌든 2달 정도만 탄수화물을 끊었다가 다시 흰쌀밥을 양을 줄여 먹기 시작했다.

지속적으로 조절할 음식은 면류이다. 특히 라면은 탄수화물뿐만 아니라 염도가 높아 가급적 자제하는 것이 좋다.

걷고 운동하기

다이어트를 할 땐 가급적 많이 걸으려 노력했다. 출퇴근길에도 한 정거장 전에 내려서 걸어가고 산책도 자주 했다. 산책은 체중 조절뿐 아니라 정신 건강에도 도움이 된다. 헬스클럽에서 러닝머신을 달리는 유산소 운동도 꾸준히 했다.

그러다 보면 체중이 줄어들다 어느 시점부터 정체기가 온다. 이때는 유산소 운동뿐만 아니라 근력 운동도 병행해야 한다. 근육 운동을 해야 지방이 근육으로 바뀌면서 체중이 감량되고 근력도 생긴다고 한다. 50대가 되면 근력과 에너지가 급격히 떨어져 컨디션이 저하되고 우울한 기분마저 드는데, 이럴 때 근력 운동을 하는 것이 중요하다. 다만 너무 격하지 않게 천천히 하는 것이 좋다.

운동을 하면 '테스토스테론'이라는 호르몬이 증가해 몸의 지방량이 줄고, 동시에 근육이 강화되어 체지방률이 낮아진다고 한다. 이 호르몬이 부족하면 감정 기복이 심해지고 우울증과 무기력증을 느끼게 된다. 복부에 지방이 쌓이고, 사고 능력과 기억력도 감퇴한다.

따라서 운동은 지속적으로 하는 것이 중요하다. 상황에 따라 운동을 못하는 날도 있을 텐데, 팔굽혀 펴기 등 가벼운 운동이라도 해야 한다. 운동으로 땀 흘린 뒤 샤워하는 그 기분은 운동을 해보지 않은 사람은 느낄 수 없는 감정이다.

저녁식사를 조절하라

꾸준한 체중 조절의 관건은 좋은 식습관이다. 특히 저녁식사가 중요한데, 가급적 7시 이전에 마치는 것이 좋다. 저녁을 너무 늦게 먹으면 소화기관의 활동으로 숙면에 방해가 된다는 연구 결과도 있다. 그러나 직장인들은 퇴근하고 집에 돌아가면 8시가 넘는 경우도 많다. 가볍게 저녁을 해결하고 귀가하는 등 수단을 강구해서 7시 이후에는 아무리 배가 고파도 참아야 한다.

특히 회식이나 술자리 등 체중 조절에 장애가 되는 일이 생길 때는 의식적으로 술 섭취를 줄이고 안주도 가볍게 먹는 것이 좋다.

아직도 흡연하십니까?

건강을 위해 다이어트와 함께 반드시 극복해야 하는 것이 흡연이다. 금연 열풍이 거세게 불고 있지만 아직도 많은 사람들이 담배를 피운다. 보건부가 실시한 '2016년 한국인의 흡연율 조사' 자료를 보면 만 19세 이상 평생 담배 5갑 이상 피웠고 현재 담배를 피우는 사람의 비율이 40%를 육박했다.

그런데 점차 편하게 담배 피울 수 있는 공간이 줄어드는 등 흡연자들이 설 자리가 없어지는 추세다. 사무실은 물론이고 건물 밖에서도 흡연하기가 쉽지 않다. 주요 도로에서 담배를 피우다가는 보행자들의 눈총을 받기 일쑤다.

필자도 한때는 심각한 골초였다. 그런 내가 금연을 결심한 것이 13년 전이다. 건강검진에서 용종이 발견되어 제거 수술을 받게 됐다. 병실에서 대기하며, 아무 거리낌 없이 환자복을 입고 병원 현관을 나와 담배를 피웠다. 그때 나를 안쓰럽게 쳐다보는 의사 선생님과 눈이 마주쳤다. 뒤통수를 한 대 맞은 듯했다. 몸에서 건강이 안 좋다는 신호를 보내오는데도 나는 계속 몸을 혹사하고 있었던 것이다. 다음날 수술실로 들어가는 침대에 누워 이제 갓 태어난 딸아이를 업고 있는 아내를 보며 금연을 결심했다.

금연은 지속적으로

금연 3개월, 5개월, 9개월, 1년. 이 시점이 나에게는 고비였던 것 같다. 담배를 1년 끊었으면 3년까지가 중요하다. 3년이 지나고 10년 정도 금연하면 안정권이라 할 수 있다.

한순간 무너지면 지금까지의 고생이 헛수고가 된다는 것을 항상 기억해야 한다. '딱 한 대만 피면 괜찮겠지' 하고 담배를 입에 대는 순간 모든 노력이 수포로 돌아가는 것이다. 절대 한 모금도 피우지 않겠다는 굳은 결심이 필요하다. 마음만 먹으면 언제든 끊을 수 있다고 호언장담하며 술자리에서 담배를 한두 대 피워 무는 사람들이 있는데 이래서는 절대 금연할 수 없다. 자신이 없으면 술자리에 참석하지 말아야 한다.

금연이 너무 고통스럽다면 담배 대용품을 준비하는 것도 방법이다. 필자는 하루 한두 갑씩 담배를 피우다가 끊으려니 신경이 너무 날카로워져 급기야 아내가 다시 담배 피우기를 종용할 정도였다. 그래서 찾아낸 최적의 대용품이 생수였다. 담배가 생각날 때마다 차가운 생수를 벌컥벌컥 마셨다. 술자리에서도 생수를 두고 술과 함께 마셨다. 그러면 잠시 담배 생각이 사라졌다. 물을 많이 마시다 보니 건강도 더 좋아졌다.

금연초나 껌, 은단 등 자신에게 맞는 대용품을 이용하면 좋을 것이다.

옷차림도 신경 써라

건강하고 매력적인 몸을 만들 때 건강을 챙기는 것도 중요하지만 외모를 가꿀 줄도 알아야 한다.

『논어』「옹야편」에는 '문질빈빈文質彬彬'이라는 말이 나온다.

문은 외형, 형식, 품새를 말하고, 질은 바탕, 내실, 실질을 말하며, 빈빈이란 둘이 조화롭게 잘 어우러져 아름답고 찬란하게 빛나는 모습을 뜻한다. 너무 겉치장만 해도 그렇지만, 내실을 기한다고 겉을 등한시하면 안 된다는 교훈을 내포하고 있다.

일만 잘 하면 됐지 복장이 뭐가 중요하냐고 말하는 사람도 있을 것이다. 그러나 윤택하고 만족스러운 삶은 일의 성과만으로 채워지는 것이 아니다. 좋은 평판과 평가를 얻는 것이 필요한데, 좋은 평가에는 매력적인 외모가 한몫한다.

쇼핑도 좀 하고 헤어스타일도 유행을 따르라. 이런 소리를 하면 '아재'들의 반발을 사기 십상이지만 자신의 외모를 외면하면 안 된다.

한 발 나아가 조그마한 액세서리를 착용해보는 건 어떤가. 특히 남자들은 주머니가 불룩해지도록 소지품을 넣어 다니기도 하는데, 가방을 갖고 다니면서 소지품을 깔끔하게 정리하는 것이 보기도 좋고 정서적 안정에도 도움이 된다. 가방에 책도 한두 권 넣고 다니며 시간이 있을 때마다 꺼내 읽으면 내실도 갖추고 멋스러움도 강조되지 않겠나.

이제 외모도 자기관리의 중요한 요소이자 경쟁력이 되는 시대이다. 적당한 외모 관리는 자기만족감과 소소한 기쁨을 누릴 수 있는 방편이기도 하다.

돈 없이도 베푸는
삶

필자는 직장생활을 20년 넘게 했다. 한눈팔지 않고 회사만 열심히 다닌 것 같다. 그러면서 회사라는 조직의 울타리 속에서 커온 것이다.

초년생 시절에는 시키는 대로 열심히 따라가기만 했다. 열심과 성실로 무장했지만 많이 혼나고 좌절하며 힘들어했던 시절이기도 하다. 직장생활이 어느 정도 익숙해졌을 때는 나를 드러내려 애를 썼다. 후배들도 들어오고 회사에서 어느 정도 권한도 갖게 됐다. 그래서 가끔은 '완장 찬 머슴'처럼 신분을 망각하고 타인을 배려하지 못한 적도 있었다. 후배들에게 소리 지르고 혼내고 압박하면 상사들에게 나의 리더십과 책임감을 인정받는 것 같았다. 지금 생각해보면 얼굴이 화끈거린다.

직장생활 20년을 넘는 이 시점에 나의 직장생활 방향에 대해 고민해 보았다. 물론 회사에서 성과 창출은 기본이지만 이제는 좀 더 주위를 살피고 보듬어야겠다는 다짐을 해본다.

운동선수들을 보면 프로와 아마추어로 나뉘는데 그 차이점
은 무엇일까? 바로 '힘을 빼느냐 아니냐'이다. 아마추어는 잔뜩
힘을 주고 크게 한번 치려 한다. 역시 정확한 샷이 되지 못한다.
그러나 프로는 힘들이지 않고 정확하게 타격한다.

직장생활도 그렇게 하려 한다. 좀 더 부드러워지려는 것이
다. 불교의 권선징악 교리를 다룬 경전『잡보장경』에는 '무재칠
시無財七施'가 나온다. 돈 들이지 않고도 베풀 수 있는 보시布施를
말하는데, 너무나도 가슴에 와 닿았다. 이 무재칠시를 직장에서
실천해 보면 어떨까 생각해 본다.

화안시 和顏施

'얼굴에 밝은 미소를 띠고 부드럽고 정답게 대하라'는 의미
이다. 인상이 험악해 이야기도 잘 건네지 못한 상사가 있었는데
회식 자리에서 취기에 기대 조심스럽게 여쭤봤다.

"부장님은 너무 무서워서 이야기를 잘 못하겠어요."
"난 인상이 원래 그래. 그러니까 무서워 하지 않아도 돼. 나,
마음은 여리다고. 허허허."

40세 이후에는 자신의 얼굴에 책임을 져야 한다고 한다. 직

장에서 항상 환한 얼굴로 남을 대하는 것은 돈 들이지 않고도 남을 즐겁게 하는 방법이다. 필자도 인상에는 자신이 없다. 가끔 눈에 힘을 주고 TV를 보고 있으면, 아내가 슬며시 다가와 인상 좀 펴라고 이야기한다. 그렇게 무서운 표정을 하면 주위 사람들이 힘들어한다고. 이제부터는 가끔 거울을 보면서 부드럽게 인상 짓는 연습을 해야겠다.

언사시 言辭施

공손하고 아름다운 말로 대하는 것이다. 명심보감에는 '함혈분인 선오기구含血噴人 先汚其口'라는 말이 나온다. 입에 피를 머금고 다른 사람에게 내뿜으면 내 입부터 더러워진다는 뜻이다. 상상이 가는 글귀 아닌가? 나의 들끓는 감정을 타인에게 퍼부으면 당장은 속이 후련하겠지만 자신도 그 감정에 더럽혀지기 마련이다.

직장에서도 마찬가지이다. 회의를 하거나 잘못을 지적할 때 좀 더 따뜻한 말로 하면 쉽게 풀릴 것을 감정을 실어서 퍼붓는 경우가 있다. 진정 잘못된 언사이다.

칭찬의 말, 격려의 말, 양보의 말, 부드러운 말로 마음을 전하면 어떨까. 일을 추진하려면 강하게 나가야지 나긋나긋하게 해서 되겠냐고 반문하는 독자도 있을 것이다. 프로는 강하게 샷을 하지 않는다는 것을 명심하라. 힘을 빼고 정확한 방향을 잡아 샷을 해야 내가 원하는 방향으로 힘차게 날아가는 법이다.

심시 心施

착하고 어진 마음을 가지고 사람을 대하라는 것이다. 『주역』「문언전」에 '적선지가필유여경積善之家必 有餘慶'이라는 말이 있다. 선한 일을 많이 한 집안에는 반드시 남는 경사가 있다는 뜻으로, 좋을 일을 많이 하면 후손까지 복이 미친다는 말이다. 어려운 살림에도 집에 찾아오는 걸인을 대접하던 어머니에게 어린 내가 불평하듯 한 말이 기억난다.

"왜 저런 걸인까지 신경 써요?"
"다 너희들 잘 되라고 하는 거다. 착하게 살아야 나중에
복을 받는단다."

어머니는 자신이 좀 착한 마음으로 대하면 자식들에게 복이 될 거라는 믿음으로 선행을 베푸신 것이다. 나쁜 짓 하지 않으려고 부단히 애쓰시던 모습도 나중에 자식들에게 해가 되지 않을까 우려하는 마음에서 나왔다는 것을 이제야 깨닫는다.

후배를 항상 따뜻하게 대하는 것, 그리고 상사의 마음을 헤아려 어진 마음으로 접근하는 것이 중요하다. 서로 시기하고 미

위하는 행동은 절대로 지양해야 한다.

안시 眼施

호의를 담아 부드럽고 편안한 눈빛으로 대하는 것을 말한다. 온화한 눈빛 하나로도 충분히 보시가 된다는 것이다.

눈에서 레이저가 나오는 상사가 있다. 그에게 말이라도 걸라 치면 주눅이 들어 말도 제대로 하지 못한다. 접근하기가 어려워 나의 어려운 점을 이야기하고 싶어도 못 하고 넘어갈 정도다.

날카로운 레이저를 쏘는 사람이 되기보다 주위를 밝혀주는 등불이 되라는 말이 있다. 직장에 꼭 있어야 할 사람은 항상 지적하고 타인의 잘못을 잡아내기 급급한 사람보다 주위를 좀 더 부드럽게 감싸고 환하게 밝혀주는 사람이다.

신시 身施

몸으로 베푸는 것으로, 남의 짐을 들어준다거나 예의바르고 친절하게 돕는 것이다. 사람을 만나면 공손하고 반갑게 인사하는 것 역시 신시를 실천하는 것이 된다. 후배는 선배에게 예의를 갖추고 선배는 후배에게 따뜻한 마음을 전하는 몸가짐은 직장생활에서 중요한 덕목이다.

가끔 인사를 잘 하지 않는 사람을 볼 수 있다. 그리고 인사를 안 한다고 질책하는 상사도 있다. 인사는 누가 먼저 해야 하나 가릴 문제가 아니다. 누군가 먼저 인사하면 고맙게 받고 공손히 답례하면 될 일이다. 아침에 출근하면 공손히 인사하는 모습은 서로 존중하는 마음가짐을 표현하는 중요한 행위이다.

상좌시 床座施

다른 사람에게 자리를 비워주고 양보하는 것을 말한다. 힘든 사람을 배려하는 마음이다. 단순히 자리를 내어주는 것뿐만 아니라 안식처를 제공해 줄 수도 있다. 바쁜 일정으로 힘들어하는 동료를 위해 휴가 일정을 바꿔주는 아량도 좋은 예이다.

힘들어하는 동료의 일을 좀 거들어 주는 것도 마찬가지이다. 공을 내 것으로만 치장하지 말고 타인에게 돌리는 마음이야말로 타인에게 자리를 내어주는 마음씨일 것이다.

오늘도 수고하는 동료와 후배에게 지금 따뜻한 차 한 잔 건네보는 건 어떨까?

찰시 察施

굳이 묻지 않고 상대의 속을 헤아려 도와주는 것이다.

"아니, 말을 안 하는데 내가 어떻게 알아요?"

직장에서 따돌림을 당하다 극단적인 선택을 한 동료를 두고 하는 이야기다. 하지만 옆에 있는 동료가 고통 받는 것을 몰랐던 게 아니라, 애써 외면하고 싶었던 게 아닐까? 주위를 둘러보고 힘들어하는 동료에게 내가 먼저 손을 내밀어야 한다.

나의 소소한 반응과 행동이 주위를 따뜻하게 해주고 살맛 나는 직장을 만들 수 있다는 것을 잊지 말자. 작은 행동 하나하나가 타인에게 감동을 줄 수 있으며, 이것은 또 다시 내게 돌아오는 법이다.

최근 사회적 분위기는 일과 삶의 균형을 추구하는 추세이다. 워라밸('Work and life balance'의 준말)이라는 개념이 중요해지고, 국내 근로기준법 개정으로 예전처럼 초과근무를 강요하는 경향도 점차 줄어드는 분위기이다.

성실한 업무 활동은 직장인의 의무이다. 게다가 우리나라 경제를 이끌어 온 바탕이 국민들의 성실성이었다는데 누구도 이의를 제기하지 못할 것이다. 그러나 지금은 어떠한가? 대량생산 기술보다 한 사람의 창조성이 발휘된 IT 기술이 국가 경제기반을 떠받치고 산업을 주도해 가지 않는가? 이제는 개인의 능력과 창의성을 개발하고 고취시켜야 하는 시점이다. 창의성이 발현되려면 무엇보다 일과 개인의 삶이 조화를 이루고 삶의 질과 여유가 보장돼야 한다.